손 안의 진리 5

한국선시의 새벽

김달진 편역, 최동호 해설

서정시학

김달진 : 시인, 한학자
최동호 : 시인, 평론가

손 안의 진리 5
한국선시의 새벽
──────────────────
2011년 3월 20일 초판 1쇄 발행

편　역 · 김달진
해　설 · 최동호
펴 낸 이 · 김구슬
펴 낸 곳 · 서정시학
편집교정 · 최진자
인　쇄 · 서정문화

주소 · 서울시 성북구 동선동 1이 48 백옥빌딩 6층
전화 · 02-928-7016
팩스 · 02-922-7017
이메일 · poemq@dreamwiz.com
출판등록 · 209-07-99337

ISBN 978-89-94824-10-9　　03810

값 12,000원

잘못된 책은 바꾸어 드립니다.

한국선시의 새벽

책머리에

 이 책은 2004년 8월 <2005년 프랑크프르트 도서전 주빈국 조직위원회>에 의해 "한국의 책 100권" 중의 하나로 선정되었던 김달진 편역 『한국선시』(열화당, 1985)를 모본으로 하여 영역판 출간을 위해 가려 뽑은 113편을 엮은 선시선집이다. 당시 영역은 성균관대학교 영문학과 김원중 교수와 미국 아이오와대학교 크리스토퍼 메릴(Christopher Merrill) 교수가 공동으로 담당하였으며 미국의 화이트 파인 출판사에서 "BECAUSE OF THE RAIN"이란 제명으로 2005년 발간된 바 있다.

 그동안 영어판에 이 책을 그대로 묶어두고 있다가 이번에 한국어판을 출간한 것은 모본인 『한국선시』가 절판되어 있어 일반 독자들로부터 여러 차례 요구가 있었기 때문이다. 영어판 출간 당시 작품 선정은 필자가 담당했으며 한국선시에 대한 간략한 해설도 어쩔 수 없이 필자가 담당하였다. 이는 물론 필자로서는 전공의 영역을 넘어서는 일이기는 하였으나 1980년대 중반 김달진 선생께서 『한국선시』의 번역 작업을 진행할 때 그 현장을 지켜보았으며 또 부분적으로는 보조적인 역할의 일부를 담당하였다는 인연이 있었기 때문이다.

이 책은 시대적으로 모두 네 부분으로 구성되어 있다. 신라시대, 고려시대, 조선전기, 조선후기 등의 단락이 그것이다. 이 단락 구분이 적절한 것인지는 잘 모르겠지만 한국선시가 분출시킨 정신사의 찬연한 맥락을 고려해 볼 때 그러한 구분이 나름대로 유효성을 지니고 있을 것이라 판단하였다.

정선된 이 시집에 수록된 34분의 고승들의 선시는 각각의 시대를 대표하는 동시에 불교가 전래한 지 1500년 이상의 역사를 자랑하는 한국 불교의 정신적 높이와 다양한 시적 성찰을 보여주는 역작이라고 하지 않을 수 없다. 이 한 권의 책은 만 권의 서를 넘어서는 가치가 있다. 그것은 한국 불교가 지향한 선 수행의 눈동자가 여기에 살아 움직이고 있다고 믿기 때문이다. 책의 제목을 『한국선시의 새벽』이라고 한 것도 그와 같은 연유에 의한 것이다.

한국 불교에 관심이 있거나 시를 사랑하는 모든 분들에게 이 책이 캄캄한 새벽을 일깨우며 가깝게 읽혀지기를 소망한다.

2011년 2월 입춘에 향을 사르며
삼가 치인거사 씀

차 례

책머리에 / 5

제1부 ___ 신라시대

백결(百結) 선생 집에서 / 원광법사 ········ 17

낭지(朗智)스님께 / 원효대사 ········ 18

자루 없는 도끼 / 원효대사 ········ 19

어떤 서원 / 원효대사 ········ 20

오도송(悟道頌) / 원효대사 ········ 21

어머니 장례 때 / 사복 ········ 22

사리(舍利) 찬(讚) / 자장율사 ········ 23

여수(旅愁) / 혜초대사 ········ 24

눈을 만나[逢雪述懷] / 혜초대사 ········ 25

제2부 ____ 고려시대

빗속에 말을 타고 가면서[雨中行次馬上口占] / 대각의천 ········ 29

우작(偶作) / 대각의천 ········ 30

홍법원에서[留題洪法院] / 대각의천 ········ 31

해동의 교적을 읽고[讀海東教迹] / 대각의천 ········ 32

문수사(文殊寺) / 대감탄연 ········ 33

오어사에 가서[至吾魚] / 진각혜심 ········ 34

부채[扇] / 진각혜심 ········ 35

『화엄론』을 강의하던 차에[消華嚴論次] / 진각혜심 ········ 36

선당에서[禪堂示衆] / 진각혜심 ········ 37

출가의 경계[出家境界吟] / 진각혜심 ········ 38

그림자를 대하여[對影] / 진각혜심 ········ 39

어부사(漁父詞) / 진각혜심 ········ 40

식영암명(息影庵銘) / 진각혜심 ········ 41

매화 / 보각일연 ········ 43

이차돈(異次頓) / 보각일연 ········ 44

유거(幽居) / 원감충지 ········ 45

한가할 때[閑中遣] / 원감충지 ········ 46

즉사(卽事) / 원감충지 ········ 48

우연히[偶書 絶] / 원감충지 ········ 49

야우송을 지어 동인에게 보임[作野牛頌示同人] / 원감충지 ········ 50

산에 살다[山居] / 원감충지 ········ 51

또 십이송을 지어 지공화상에게 올림

      [又作十二頌呈似] / 백운경한 ········ 52

무심가(無心歌) / 백운경한 ········ 58

백운암가(白雲庵歌) / 태고보우 ········ 61

석계(石溪) / 태고보우 ········ 65

과운(過雲) / 태고보우 ········ 66

석가가 산을 나오는 상[釋迦出山相] / 태고보우 ········ 67

임종게(臨終偈) / 태고보우 ········ 69

산에 살다[山居] / 나옹혜근 ········ 70

죽림(竹林) / 나옹혜근 ········ 74

무위(無爲) / 나옹혜근 ········ 75

서봉(西峰) / 나옹혜근 ········ 76

명선자가 게송을 청하다[明禪者求偈] / 나옹혜근 ········ 77

염불하는 사람들에게[示諸念佛人] / 나옹혜근 ········ 78

산중(山中) / 천봉만우 ········ 80

제3부 ___ 조선전기

굴원을 노래함[賦屈原] / 함허기화 ········ 85

현등사[題懸燈寺] / 함허기화 ········ 86

가을[秋日書懷] / 함허기화 ········ 87

운악산에 놀며[遊雲岳山] / 함허기화 ········ 88

개심대에 올라[上開心坮] / 허응보우 ········ 89

봄산[春山卽事] / 허응보우 ········ 90

산에 살면서[山居雜咏] / 허응보우 ········ 91

취선에게[奇醉仙] / 허응보우 ········ 92

오도산에 올라[登悟道山] / 허응보우 ········ 93

스스로 기뻐함[因事自慶] / 허응보우 ········ 94

임종게(臨終偈) / 허응보우 ········ 95

선조대왕이 내리신 묵죽시의 운을 삼가 빌어

[敬次宣祖大王御賜墨竹詩韻] / 청허휴정 ········ 95

가야산에 놀다[遊伽倻] / 청허휴정 ········ 97

통틀어 비판함[通決] / 청허휴정 ········ 98

초옥(草屋) / 청허휴정 ········ 99

일선암의 벽에 씀[題一仙庵壁] / 청허휴정 ········ 100

임종게(臨終偈) / 청허휴정 ········ 101

병회(病懷) / 청허휴정 ········ 102

청허가(淸虛歌) / 청허휴정 ········ 103

눈멀고 귀먹은 늙은 스님에게[贈盲聾禪老] / 정관일선 ········ 104

금강대에 다시 올라[重上金剛台] / 정관일선 ········ 105

임종게(臨終偈) / 정관일선 ········ 106

자조(自嘲) / 제월경헌 ········ 107

남화경을 읽고[讀南華經有感] / 중관해안 ········ 108

겨울날 호남으로 감[冬日湖南行] / 중관해안 ········ 109

임종게(臨終偈) / 중관해안 ········ 110

피리 소리를 듣고[聞笛] / 부휴선수 ········ 111

황혼에 사람 부르는 소리 듣고[黃昏聞喚聲] / 부휴선수 ········ 112

임종게(臨終偈) / 부휴선수 ········ 113

제4부 ____ 조선후기

고향을 바라보며[望故鄕] / 사명유정 ········ 117

만폭동(萬瀑洞) / 사명유정 ········ 118

신라의 옛 여관에서 밤에 앉아[新羅故館夜坐] / 사명유정 ········ 119

체포되어 강릉에 오다[擒下江陵] / 사명유정 ········ 120

고존사 화성(古尊師化城) / 소요태능 ········ 121

무위인(無位人) / 소요태능 ········ 122

산중에서[山中偶今] / 편양언기 ········ 123

산에 살다[山居] / 편양언기 ········ 124

내원에서 의상대를 바라보며[內院對義湘坮] / 편양언기 ········ 125

뜰의 꽃[庭花] / 편양언기 ········ 126

산에 살다[山居] / 취미수초 ········ 127

고향에 돌아오다[回鄕] / 취미수초 ········ 128

나비의 꿈[胡蝶夢] / 허백명조 ········ 129

표훈사(表訓寺) / 허백명조 ········ 130

홀로 앉아[獨坐] / 허백명조 ········ 131

다시 동래에 오다[復到東萊] / 허백명조 ········ 132

쌍암[題雙庵] / 백곡처능 ········ 133

산을 나오다[出山] / 백곡처능 ········ 134

혜스님을 보내며[別惠師] / 백곡처능 ········ 135

가을날 인존숙께 드림[秋日寄忍尊宿] / 백곡처능 ········ 136

일언에서 십언까지[自一言至十言] / 백곡처능 ········ 137

시골 서재의 밤에[村齋夜吟] / 월저도안 ········ 140

청허당 판상운을 따라[次淸虛堂板上韻] / 월저도안 ········ 141

각해 스님에게[次贈覺海師] / 월저도안 ········ 142

임종게(臨終偈) / 월저도안 ········ 143

삼가 백암께 드림[謹呈栢庵] / 무용수연 ········ 144

소제에 누운 소[蘇堤臥牛] / 무용수연 ········ 145

청평사에서[題淸平寺] / 환성지안 ········ 146

기러기 소리를 듣고[聞鴈] / 천경해원 ········ 147

영자찬(影自讚) / 천경해원 ········ 148

선객에게[贈禪客] / 묵암최눌 ········ 149

홀로 앉아[獨坐] / 묵암최눌 ········ 150

꿈[夢] / 묵암최눌 ········ 151

목욕[沐浴] / 묵암최눌 ········ 152

시내에 나가[溪行]— 대둔사에서[在大屯寺] / 초의의순 ········ 153

용문사에 이르러[至龍門寺] / 초의의순 ········ 155

정양이 나의 '청량사아집'의 운을 따라 시를 보냈기에 다시 답함

    [鼎陽和余淸凉寺雅集韻見寄復和答之] / 초의의순 ········ 156

영호당에게 답함[和映湖堂] / 경허성우 ········ 157

봉천대에서[遊奉天臺] / 경허성우 ········ 159

오도송(悟道頌) / 경허성우 ········ 161

저자 약력 / ········ 162

해설-한국선시의 새벽 / 최동호 ········ 196

역자 연보 / ········ 212

제1부

신/라/시/대

이차돈의 순수비

백결(百結) 선생 집에서[1]

멋 속에 늙은 신선, 삼교를 다 통하고
거사의 예리한 날, 아무도 못 당하리
문수라 어인 말고 웃노라 하는 소리
널따란 방장실엔 언제나 손님 있네

老仙[2] 風雅[3] 函三敎[4]　大士機鋒[5]敵萬人　誤指文殊[6]

聊戱尒　恢然[7]丈室每留賓　　　　　— 원광법사

---

1) 이 시는 백결 선생 댁에서 지은 것이다. 백결은 자비왕(慈悲王) 때 사람이라고 전하지만, 그 뒤의 사람은 물론이고, 그 당시 사람들도 그를 예사 사람으로 생각하는 이는 없었다. 말하자면 그를 仙流 異人으로 알았던 것이다. 그는 물론 音樂으로는 樂聖으로 추앙되었거니와 기실은 음악뿐이 아니라 모든 예술, 학문, 검술, 정치, 군사 등 어느 편으로든지 정통하지 않은 것이 없었다. 게다가 그의 품격은 지극히 淸高하여 당대 사람의 존경은 누구에게도 비할 데 없었다. 그때 그 집에는 작자 외에 元曉, 天官이 동석했었고 주인의 청을 따라 원효가 먼저 시를 지었었다.
2) 老仙 : 늙은 仙人. 百結을 가리킴
3) 風雅 : 멋. 高尙한 오락.
4) 三敎 : 儒敎, 佛敎, 道敎.
5) 機鋒 : 예리한 칼날. 남을 교화하는 인품을 말함.
6) 文殊 : 文殊師利 보살의 이름. 석가모니 부처님의 오른쪽 補處보살. 먼저 元曉가 圓光法師를 文殊라 지칭하였음.
7) 恢然 : 마음이 넓은 모양. 도량이 큰 모양. 여기서는 그 사방 一丈의 방을 형용함과 동시에 그 주인의 품격을 나타낸 것이다.

낭지(朗智)[1] 스님께

서곡의 이 '사미'는 머리를 조아리어
동악의 큰 스님께 예배를 드리나니
작은 티끌을 불어 영취산에 보태고
한 방울의 물을 날려 용연에 던지리다

西谷沙彌[2] 稽首禮　東岳上德[3] 高岩[4]前　吹以細塵補靈岳[5]　飛以微滴[6]投龍淵[7]

― 원효대사

---

1) 朗智 : 신라의 고승.
2) 西谷沙彌 : 서곡에 사는 사미. 원효 자신을 가리킴. 자신이 있는 반고사는 영취산의 西北쪽에 있음.
3) 東岳上德 : 동악의 큰 스님. 낭지를 가리킴. 上德은 중의 존칭.
4) 高岩 : 고승의 기품에 비유.
5) 靈岳 : 靈鷲山; 梁山 通度寺의 뒷산. 또 인도에 있는 석가가 설법하던 산.
6) 龍淵 : 통도사의 동악에 있는 못 이름. 본명은 大和江.
7) 細塵과 微滴은 원효 자신을 뜻하고 영악과 용연은 불교를 뜻함. 원효는 29세에 경주 황룡사에서 출가하여 사미승이 된 뒤에 양산으로 내려가 영취산 기슭에 자리 잡은 礦高寺에 있으면서 朗智스님을 찾아뵙고 이 詩를 드렸다. 그 반고사는 영취산 서북쪽에 있으므로 그는 자기를 '西谷沙彌'라 자칭하고 낭지법사를 '東岳上德'이라 존칭하였다.

자루 없는 도끼[1]

그 누가 자루 빠진 도끼를 주겠는가
나는 하늘 떠받칠 기둥을 만들련다

誰許沒柯斧[2] 我斫支天[3]柱

― 원효대사

---

1) 신라 무열왕 때의 일이다. 그날도 원효는 이 노래를 부르며 거리를 거닐 었다. 무열왕이 이 노래를 듣고 "저 스님은 貴婦人을 얻어 賢子를 낳고자 하는구나" 하였다. 그리고 원효는 瑤石公主를 만나 아들을 낳으니 그가 곧 薛聰이다.
2) 柯斧 : 자루가 없는 도끼. 자루가 빠진 도끼. 즉 大小 長短의 한계나 표준을 벗어난 도끼.
3) 支天 : 하늘을 굄. 하늘을 떠받침.

어떤 서원[1]

매우 깊고 미묘한 '금강삼매' 가르침
이제 받들어 믿고 대강 기술하였나니
바라건대 이 선근 온 세계에 두루하여
빠짐없이 모두를 이롭게 하여지다

甚深且微金剛敎[2] 今承仰信略記述 願此善根[3]遍法
界[4] 普利一切無遺缺[5]

— 원효대사

---

1) 이것은 그가 「金剛三昧經論」의 저술을 끝내면서 세운 서원의 게송이다.
2) 金剛敎:「金剛三昧經」의 가르침.
3) 善根 : 좋은 과보를 받을 좋은 因
4) 法界 : 일체 萬有의 모든 세계.
5) 遺缺 : 남음. 빠짐.

오도송(悟道頌)[1]

첩첩한 푸른 산은 아미타의 굴이요
망망한 큰 바다는 적멸의 궁전이다

靑山疊疊彌陀窟[2]　　滄海茫茫寂滅宮[3]

— 원효대사

---

1) 이 시를 香山居士는 元曉의 悟道頌이라 했다.
2) 彌陀窟 : 阿彌陀佛이 계시는 곳.
3) 寂滅宮 : 석가모니불이 계시는 곳.

어머니 장례 때[1)]

옛날에 석가모니 부처님께서는
사라수 아래에서 열반하셨네
지금에도 또 그와 같은 이 있어
연화장 세계에 드시려 하네

往昔釋迦牟尼佛 娑羅樹[2)]間入涅槃 于今亦有如彼者
欲入蓮華藏界[3)]寬

— 사복

---

1) 이것은 蛇福이 그 어머니 장례 때 지은 게송이다.
2) 娑羅樹 : 娑羅雙樹라 하며 인도의 구시나게라성 밖에 있는 사라수림으로서 석존이 入滅하신 곳.
3) 蓮華藏界 : 蓮華藏世界. 비로자나 부처님이 있는 功德, 無量, 廣大莊嚴의 세계. 이 세계 안에는 일체의 나라와 일체 만물이 모두 간직되어 있음.

사리(舍利)[1] 찬(讚)

삼계의 전륜성왕, 만법의 임금
학림에서 자취 감춰 몇천 년인고
오직 진신 '사리'만이 여기에 있어
중생들로 하여금 예배하게 하시네

三界[2]輪王[3]萬法主 鶴林[4]晦跡[5]幾千秋 唯有眞身舍利[6]在 普使群生禮不休

— 자장율사

---

1) 舍利 : 梵語 샤리아의 音譯. 身骨, 遺身, 靈骨이라 번역함.
2) 三界 : 생사윤회가 쉴 새 없는 迷界의 총칭. 즉 欲界, 色界, 無色界.
3) 輪王 : 轉輪聖王 飛行皇帝라고도 함. 須彌 四洲의 세계를 통솔하는 大王
4) 鶴林 : 鵠林이라고도 함. 부처님이 열반하신 중인도 구시나가라의 娑羅雙樹의 숲
5) 晦跡 : 자취를 감춤. 즉 죽음.
6) 眞身舍利 : 석가모니불이 열반한 뒤에 그 몸에서 나온 사리.

여수(旅愁)[1]

달 밝은 밤에 고향길 바라볼 때
너울너울 뜬 구름만 멀리 돌아가네
그 편에 편지 봉해 부치려 하나
빠른 바람 길은 돌아오지 않으리
우리나라는 하늘 끝 북쪽이네
남의 나라는 땅의 끝 서쪽인데
해받이 남방에는 기러기가 없거니
누가 나를 위해 계림으로 전해 주리

月夜膽鄕路　浮雲颯颯[2]歸　緘書參去便　風急不聽迴

我國天崖北　他邦地角[3]西　日南[4]無有鴈　誰爲向林[5]飛

― 혜초대사

---

1) 이 시는 東天竺에서 中天竺을 거쳐 남천축으로 가는 도중에 그 旅愁를 읊은 것이다.
2) 颯颯 : 쌀쌀한 바람소리나 쏟아지는 빗소리. 여기서는 구름이 성하게 떠가는 모양.
3) 地角 : 땅의 끝.
4) 日南 : 해받이의 남방.
5) 林 : 鷄林. 지금의 慶州. 곧 고향.

눈을 만나[逢雪述懷][1)]

차가운 눈은 얼음과 겹쳐 어리었고
찬바람은 땅이 갈라질 듯 매섭다
큰 바다는 얼어 넓은 단이 되었는데
강물은 낭떠러지의 이빨을 봉했다
용문에는 폭포조차 끊어졌고
정구에는 서린 뱀이 어리었다
등불을 벗해 ?에 올라 노래하나니
저 파미르 고원을 어찌 넘을꼬

冷雪牽氷合 寒風擘地烈 巨海凍墁壇[2)] 江河凌崖嚙

龍門[3)]絶瀑布 井口[4)]盤蛇結 伴火上胘[5)]歌 焉能度播

蜜[6)]
           — 혜초대사

---

1) 이 시는 투카라에서 눈을 만나 述懷한 것이다.
2) 墁壇: 편편한 단.
3) 龍門: 중국 山西省 서북쪽과 陝西省 동북쪽에 걸쳐 있는 폭포 이름. 黃河의 물고기들이 이 폭포를 넘어 올라가면 용이 된다 함.
4) 井口: 井陘口의 준말. 중국 河北省에 있는 要塞地로서 井陘山이 사방으로 높고 편편한데 가운데가 우물처럼 패였으므로 이런 이름이 생겼다.
5) 胘: 未詳. 어떤 이는 이를 垓로 보기도 한다.

6) 播密 : 중앙아시아에 있는 高原으로서 세계의 지붕이라 하며 중국에서는 葱嶺이라 한다. 중국에서 西域으로 통하는 길이 있으며 崑崙山脉, 天山山 脉 등이 모두 이곳에서 시작된다.

제2부
고/려/시/대

금산사 석종

빗속에 말을 타고 가면서[雨中行次馬上口占]1)

휘두르는 채찍은 수운향을 떨치고
안개비는 아득한데 길은 더욱 멀어라
고마워라. 언덕길에 좋은 경치 있나니
물에 뜬 떨어진 꽃, 온개울이 향기롭다

行行2)鞭拂水雲鄕3)　烟雨涳濛4)路更長　多謝?陵佳景
在　落花紅泛一溪香

— 대각의천

---

1) 口占 : 읊조림. 읊음.
2) 行行 : 剛健한 모양. 걷는 모양.
3) 水雲鄕 : 물이 흐르고 구름이 떠도는 곳이라는 뜻으로 俗氣를 떠난 깨끗하고 맑은 곳을 이름.
4) 涳濛 : 가랑비가 자욱히 오는 모양. 또 어둑한 모양.

우작(偶作)

원래 법화경은 생사를 떠나는 길인데
요즘 사람은 구구히 이것을 힘쓰지 않네
남을 의지해 명성을 구함, 깊이 경계하셨건만
가엾어라. 끝끝내 그 허물을 모르네

圓經1)本足出離2)緣　末學3)區區4)未勉旃5)　依傍6)求名深有誡　可憐終日不知愆7)

— 대각의천

---

1) 圓經 : 法華經.
2) 出離 : 生死를 벗어남. 迷妄의 세계에서 벗어남.
3) 末學 : 후진의 학자. 미숙한 학문. 후배.
4) 區區 : 작은 모양. 자디잔 모양.
5) 勉旃 : 힘씀. 旃은 어조사 之와 같음.
6) 依傍 : 서로 가까이 함.
7) 愆 : 허물

홍법원에서[留題洪法院]1)

푸른 산을 기대앉은 산뜻한 오랜 옛 절
흰 구름 그 속에서 두 사립문을 열고 닫고……
물병 하나, 지팡이 하나 살림살이 모두인데
세월이야 가거나 말거나 언제나 등한하다

古院無塵枕碧山　雙扉開閉白雲間　一瓶一錫2)爲生計

年去年來也等閑3)

― 대각의천

---

1) 洪法院 : 절 이름.
2) 錫 : 錫杖. 즉 중의 지팡이.
3) 等閑 : 마음에 두지 아니함. 대수롭게 여기지 아니함.

해동의 교적을 읽고[讀海東敎迹][1]

논과 경전을 풀이하고 높이어 큰 도를 밝혔나니
마명이나 용수라야 그 공적을 겨루리라
배우기에 게으른 요즈음 사람, 전연 아는 것 없어
마치 저 동쪽 집의 공구와 같다

著論宗經闡[2]大猷[3]　馬龍[4]功業是其儔　如今懈[5]學都
無識　還似東家有孔丘[6]

— 대각의천

---

1) 海東敎迹 : 교적은 가르침의 자취이니, 즉 元曉의 海東疏를 말함.
2) 闡 : 밝힘.
3) 大猷 : 큰 道
4) 馬龍 : 馬鳴과 龍樹. 이들은 다 印度의 큰 佛敎思想家이요, 또 學者.
5) 懈 : 惰, 게으름.
6) 東家孔丘 : 孔子의 서쪽 이웃에 사는 사람이 孔子를 聖人임을 알지 못하고 단지 東家의 孔丘라고만 불렀다는 故事. 즉 大人物도 同鄕 사람에게는 평범한 인물로 보임을 이름. 이것은 元曉 같은 큰 聖師도 우리나라에서는 그저 예사로 대접받음을 애석히 여김을 말한 것이다. 孔子를 원효에 빗댄 것. 丘는 공자의 이름.

문수사(文殊寺)

이 방이 이리도 크고 텅 비어
온갖 생각이 다 사라진다
바위를 쪼아 좁은 길 내고
돌을 뚫어서 샘물이 떨어진다
처마 끝에는 밝은 달이 걸리었고
썰렁한 바람은 골짝을 뒤흔든다
그 누가 저 상인을 따라
고요히 앉아 참 즐거움 배우랴

一室何寥廓[7) 萬緣俱寂寞 路穿石罐[8)通 泉透雲根[9)

落 皓月挂簷楹 凉風動林壑 誰從彼上人 淸坐學眞樂

― 대감탄연

---

7) 寥廓 : 텅 비고 넓음.
8) 石罐 : 돌그릇.
9) 雲根 : 돌의 다른 이름.

오어사에 가서 [至吾魚]

모든 법은 뿌리 없어 스스로 나지 않는데
나지 않는 그 법을 밝히기만 한다면
환히 도를 향해 원래 일이 없거니
어찌 일 없는 데서 수고로이 애를 쓰랴
억지로 애를 쓰고 다시 소리 내는 것
진흙을 물에 타면서 부질없이 맑기를 구하는 것이다
분양은 그저 "망상 말라"고 하였나니
다만 '그렇기'만 힘쓰고 다시 길을 묻지 말라

法法無根不自生　不生之法若爲明　明明向道元無事
無事何勞强着精　强着精1)更作聲　和泥合水謾求淸　汾
陽2)只道莫妄想　但辦3)肯心4)休5)問程

— 진각혜심

---

1) 强着精 : 억지로 애를 씀. 굳이 애씀.
2) 汾陽 : 中國의 유명한 禪師. 그는 늘 "망상 말라"고만 하였다.
3) 辦 : 힘씀.
4) 肯心 : 깨달음. 긍정함.
5) 休 : …하지 말아라.

부채[扇]

전에는 스님의 손에 있더니
지금은 이 제자의 손에 왔구나
만일 더워서 허덕일 때 만나면
마음대로 맑은 바람 일으키리라

昔在師翁^{석재사옹}1)手裡^{수리} 今來弟子^{금래제자}2)掌中^{장중} 若遇熱忙狂走^{약우열망광주}3) 不妨^{불방}4)打起^{타기}5)淸風^{청풍}

— 진각혜심

---

1) 師翁 : 老師翁. 즉 스님. 普照국사를 가리킴.
2) 弟子 : 자기를 가리킴.
3) 熱忙狂走 : 뜨거운 번뇌로 미친 듯 날뜀.
4) 不妨 : 無妨.
5) 打起 : 일으킴. 打는 助字.

35

『화엄론』을 강의하던 차에[消1)華嚴論次]

보광명전이 바로 이 내 집이요
삼법 일원에서 비로소 잠 깨었다
한 찰나에 백십 유순 거두어들이거니
세간의 세월이야 그저 헛된 것이다

普光明殿2)是吾家 三法一源3)初睡起 百十由旬4)一念5)收 世間時劫6)徒爲爾7)

— 진각혜심

---

1) 消 : 해석함.
2) 普光明殿 : 부처님이 『화엄경』을 설법하시던 궁전.
3) 三法一源 : 心, 佛, 衆生이 하나의 근원, 즉 절대적 진리에서 나왔다는 뜻.
4) 百十由旬 : 千由旬. 유순은 거리의 단위.
5) 一念 : 한 찰나.
6) 時劫 : 시간, 세월.
7) 徒爲爾 : 徒爲는 헛된 일. 爾는 뿐.

선당에서 [禪堂示衆]

파란 눈동자로 푸른 산을 마주할 때
한 티끌도 그 사이에 용납 안 된다
맑음이 절로 뼛속까지 사무치거니
무엇하려 새삼스레 '열반' 찾으랴

碧眼[1]對靑山 塵不容其間 自然淸到骨 何更覓泥洹[2]

— 진각혜심

---

1) 碧眼 : 胡僧의 눈. 중의 눈.
2) 泥洹 : 涅槃. 불교 최고의 이상. 滅, 滅度, 寂滅, 圓寂이라 번역. 또 無爲, 無作, 無生이라고도 번역. 不生不滅의 법을 體得한 경지.

출가의 경계[出家境界吟]

집을 나왔거니 부디 자재하여야 하네
몇 개의 겹관문을 뚫고 지나갔던가
홀로 뛰어나 세상 밖에 노닐고
높은 뜻으로 세상을 내려다보네
몸이 쾌활하나니 한조각 구름이요
마음이 청한하나니 밝은 달이네
한 '바루' 밥과 한 벌의 누더기로
산새처럼 천만의 산을 날으네

出家須自在 幾個透重關 獨步[1]遊方外[2] 高懷[3]傲世間 片雲身快活 霽月[4]性淸閑 一飯一殘衲[5] 鳥飛千萬山

— 진각혜심

---

1) 獨步 : 남이 따를 수 없이 뛰어남.
2) 方外 : 세속 사람의 테 밖. 속세를 벗어남.
3) 高懷 : 고상한 생각. 높은 뜻.
4) 霽月 : 비 갠 날의 달.
5) 殘衲 : 해어진 누더기, 해어진 중 옷.

그림자를 대하여[對影]

나 홀로 못가에 앉았다가
우연히 못 밑의 중을 만나다
잠자코 웃으며 서로 바라보고
그대 알고 말해도 대답이 없네

池邊獨自坐　池底偶逢僧　默默笑相視　知君語不應
^{지변독자좌}　^{지저우봉승}　^{묵묵소상시}　^{지군어불응}

― 진각혜심

어부사(漁父詞)

조각배 한 척, 낚싯대 하나
도롱이 하나, 피리 하나, 그 밖에 아무것도 없네
낚싯줄 드리워도 낚시 굽지 않거니
어찌 낚아 올릴까
죽음 모르는 고기들, 서고 부딪침만을 보네

一葉扁舟[1] 一竿竹[2] 一蓑一笛外無蓄[3] 直下垂[4]綸[5]

鉤不曲 何撈攄[6] 但看負命[7]魚相觸

— 진각혜심

---

1) 扁舟 : 작은 배, 거룻배.
2) 竿竹 : 낚싯대.
3) 無蓄 : 쌓아둔 것이 없음. 가진 것이 없음.
4) 直下垂 : 곧게 내려드리움.
5) 綸 : 낚싯줄.
6) 撈攄 : 물고기를 잡음.
7) 負命 : 목숨을 저버림, 죽음을 모름.

식영암명(息影[1])庵銘)

몸이 움직여 다니면
사람이 그 자취 보고
마음이 움직여 다니면
귀신이 그 자취 본다

_{신동이행} _{인견기적} _{심동이행} _{귀견기적}
身動而行　人見其跡　心動而行　鬼見其跡

몸과 마음을 모두 안 움직이면
사람도 귀신도 못 찾겠거늘
하물며 본래 몸과 마음 없는데
거기에 무슨 동정이 있었으랴

_{신심구부동} _{인귀무이멱} _{황본무신심} _{하증유동정}
身心俱不動　人鬼無以覓　況本無身心　何曾有動靜

만일 이런 줄 알면
그것이 참 식영이니라

---

[1] 息影 : 그림자를 그침, 즉 그림자를 없앰.

若了如是　是眞息影
_{약 료 여 시　시 진 식 영}

— 진각혜심

매화

눈 속에 얼어붙은 금교는 안 열리고
계림에는 봄빛이 아직도 멀었는데
영리하다 청제는 재치가 많아
모랑의 집 매화에 먼저 와 있다

雪擁金橋[1]凍不開 鷄林[2]春色未全廻 可恰[3]靑帝[4]多才思[5] 先着毛郞[6]宅裡梅

- 보각일연

---

1) 金橋 : 경주 西天에 있던 다리.
2) 鷄林 : 경주에 있는 숲 이름. 곧 신라의 異稱.
3) 恰 : 영리함.
4) 靑帝 : 봄을 맡은 동쪽의 神. 靑色은 봄, 동쪽을 뜻함.
5) 才思 : 재치 있는 생각.
6) 毛郞 : 毛禮를 가리킴. 『三國遺事』에 의하면, 신라 눌지왕 때의 고구려의 중 묵호자와 비처왕 때에는 고구려의 아도 화상이 신라 一善郡에 있는 모례의 집에 와서 거주하였는데, 이것이 신라에 불교가 들어온 처음이다.

이차돈(異次頓)

의를 좇고 삶을 가벼이 여김. 놀라운 일이어늘
하늘 꽃과 흰 젖이 더욱 감격스럽다
갑자기 한 칼 아래 죽어 간 뒤에
절마다의 종소리 서울을 진동했다

徇義輕生[1] 已足驚　天花白乳[2] 更多情　俄然[3] 一釰身
亡後　院院[4] 鐘聲動帝京

- 보각일연

---

1) 徇義輕生 : 義를 따르고 삶을 가벼이 여김. 즉 의를 위해 죽었다는 뜻.
2) 天花白乳 : 異次頓이 殉敎할 때 하늘에서 꽃이 내리고 목에서는 흰 젖이 치솟았다 함.
3) 俄然 : 갑자기.
4) 院 : 僧院 즉 절.

유거(幽居)

어지러운 세상 밖에 숨어 살면서
아름다운 산 속에 시름없이 노니나니
소나무 행랑에는 봄이 한결 고요한데
대나무 사립문은 낮에도 닫혀 있네

栖息紛華外 優遊紫翠間 松廊春更靜 竹戶晝猶閉

- 원감충지

한가할 때[閑中遣]

성질이 깊숙하고 고요함을 좋아해
푸른 산에 몸을 붙여 살고 있나니
세월은 흘러 두 귀밑털이 흰데
살아가는 방도는 한 벌 누더기뿐이네

野性便幽獨　栖遲寄翠微1)　光陰雙雪髮　活計一霞衣2)

비를 맞으며 솔 묘종을 옮기고
구름에 싸여 대사립문을 닫네
산에 핀 꽃은 수놓은 장막보다 낫고
뜰 앞의 잣나무는 비단휘장이 되네

帶雨移松栽　和雲掩竹扇　山華輕綉幕　庭栢當羅幃

고요히 향로에서 피는 연기 마주하고
한가히 돌다리의 살진 이끼 바라보네

---

1) 翠微 : 산중턱, 파란 산기운.
2) 霞衣 : 道士의 옷, 중의 옷.

아무도 와서 내게 무엇 묻지 말라
나는 일찍부터 세상과 맞지 않네

靜對爐烟細 閑看磴3)蘇肥 人來休4)問我 早與世相違

― 원감충지

---

3) 磴 : 가파른 돌길.
4) 休 : …하지 말아라.

즉사(卽事)[1]

개었다 비 내리다, 하늘은 어둑하고
따뜻한 듯 추운 듯, 봄날은 적적하다
문 닫고 멍청히 누워, 황혼이 되었는데
은은한 성긴 종소리, 차의 벽을 흔든다

半晴半雨天陰陰 似暖似寒春寂寂 閉門憨[2]臥到黃昏

隱隱疎鐘撼窓壁

— 원감충지

---

1) 卽事 : 그 자리에서 듣고 본, 또는 가슴에서 떠오르는 일. 그 일을 제목으로 하여 당장에 시를 지음.
2) 憨 : 어리석은 모양

우연히[偶書一絕]

비 온 뒤의 뜰 안은 쓴 듯이 고요하고
바람 지나는 난간은 가을인 듯 시원하다
산 빛과 물소리에 또 솔바람 소리
또 무슨 세상일이 이 마음에 이르랴

雨餘庭院靜如掃　風過軒窓凉似秋　山色溪聲又松籟[1]
有何塵事到心頭

— 원감충지

---

1) 松籟 : 바람에 소나무가 흔들리는 소리.

야우송을 지어 동인에게 보임[作野牛頌示同人]

들소 천성은 본래 길들이기 어려워
질펀한 풀밭에서 제멋대로 뛰노는데
어찌하여 마침내 콧구멍에 고삐 있어
사람들 제 마음대로 끌고 오가는가

野牛天性本難馴[1]　草細平田自在身　何意鼻端終有索[2]　牽來牽去摠由人

— 원감충지

---

1) 難馴 : 길들이기 어려움.
2) 索 : 새끼 따위. 여기서는 고삐.

산에 살다[山居]

배고프면 한 바루의 푸른 나물밥 먹고
목마르면 한 잔의 자순다를 마시나니
지금의 이 생애의 즐거움이 넉넉하여
고담하다 호화로움 부러워하지 않네

飢飡¹⁾一鉢靑蔬飯　渴飮一甌²⁾紫筍茶　只今生涯有餘樂　不將枯淡³⁾博豪華

- 원감충지

---

1) 飡 : 먹음.
2) 甌 : 사발.
3) 枯淡 : 活氣가 없고 담담함.

또 십이송을 지어 지공화상에게 올림[又作十二頌呈似]

1.
공부하는 사람은 다른 방법 없나니
바로 아주 죽은 사람처럼
한 점의 기운마저 없어야
비로소 저 사람과 합할 것이다

學人無他術　直似大死人[1]　一點氣[2]也無　方與那人[3]合

2.
분별하는 생각이 있기만 하면
제 마음의 견량이 숨고
정식의 생각이 아주 없으면
본심의 전체가 다 나타난다

---

1) 大死人 : 지금까지 가졌던 모든 것을 온통 내어버린 것을 죽은 사람에 비유.
2) 氣 : 妄念.
3) 那人 : 저 사람. 크게 깨달은 사람.

但有分別念　自心見量[4]隱　絶無情識[5]念　本心全體現

3.
옛사람들의 깨달음이라 하지만
불법이란 원래 별것 아니다
감정의 헤아림만 끊어 버리면
당장에 분명 수긍하리라

古人契證[6]處　佛法無多子[7]　正要絶情量[8]　當陽[9]便承當[10]

4.
본심은 본래 텅 비어 고요하며
본법은 본래 생멸 없는 것이니

---

4) 見量 : 비판 분별을 떠나 事象을 있는 그대로 覺知하는 것.
5) 情識 : 감정의 알음알이.
6) 契證 : 계합하고 깨달음.
7) 無多子 : 아무 것도 아니다. 별것이 없다.
8) 情量 : 감정의 분별.
9) 當陽 : 당장 분명히.
10) 承當 : 首肯함. 點頭함. 머리를 끄덕거림.

이런 지혜로 잘 관찰하면
그것이 불성을 밝게 보는 것이다

本心本空寂 本法本無生 此作智慧觀 是明見佛性
(본심본공적) (본법본무생) (차작지혜관) (시명견불성)

5.
시장하면 밥 먹고 곤하면 잠자나니
마음이 없어 모든 경계 한가하다
다만 본분의 일만을 의지하여
어디를 가나 있는 그대로 산다

飢食困來11)眠 無心萬境12)閑 但依本分事13) 隨處
(기식곤래 면) (무심만경 한) (단의본분사) (수처
守現成14)
수현성)

6.
내 마음 마치 가을 달과 같아서
어느 곳이나 마음대로 비춘다

---

11) 困來 : 피곤함. 來는 助字.
12) 萬境 : 모든 상대.
13) 本分事 : 내가 부처라는 사실.
14) 現成 : 現前成就란 뜻으로 지금 있는 그대로를 말함.

온갖 모양 그림자 나타나는 가운데
밝은 광명이 홀로 드러나 있다

吾心似秋月 任運15)照無方16) 萬相影現中 交光17)
獨露成

7.
분명하고 분명해 밝힐 것 없고
부처도 없거니와 사람도 없다
어째서 한 물건도 없다 하는가
깨끗한 지혜는 본체가 공이니라

了了18)無可了 無佛亦無人 如何無一物 淨智體自空

8.
평상시의 마음이 바로 이 도요
모든 법은 목전의 그것이 진실이다

---

15) 任運 : 아무 사정도 첨가하지 않고 法爾히. 자연히. 되는 대로라는 뜻.
16) 無方 : 일정한 장소가 없음.
17) 交光 : 빛이 합함.
18) 了了 : 똑똑한 모양. 분명한 모양.

법과 법은 서로 범하지 못하나니
산은 바로 산이요 물은 바로 물이니라

平常心19)是道 諸法覿體20)眞 法法不相到 山山水是
水

9.
도는 본래 형상이나 빛깔이 없고
안이나 밖이나 중간에도 있지 않아
부처의 눈으로도 볼 수 없거니
범우들이야 어찌 쉽게 밝히리

道本無形色 不在內外中 佛眼覰不見21) 凡愚豈易明

10.
아무 조작이 없는 한가한 도인
어디 있으나 그 자취가 없다
소리나 빛깔 속에 거닐 때에는

---

19) 平常心 : 평소의 마음. 보통 때의 마음.
20) 覿體 : 목전의 그 몸. 보이는 그 몸.
21) 覰不見 : 엿보아도 보지 못함.

그 소리 빛깔은 바깥의 위의 된다

無爲(무위)22)閑道人(한도인) 在處無蹤跡(재처무종적) 經行(경행)23)聲色(성색)24)裡(리) 聲色(성색)
外威儀(외위의)25)

— 백운경한

---

22) 無爲 : 人爲의 보탬이 없이 자연 그대로임. 모든 법의 眞體를 말함.
23) 經行 : 참선하다 피로를 풀기 위해 절의 境內를 천천히 거님.
24) 聲色 : 소리와 빛깔. 모든 外境을 다 포함한 말.
25) 外威儀 : 外相 人體의 모양. 人體에 나타나는 여러 동작.

무심가(無心歌)

고요한 흰 구름은
  허공에 일었다 사라졌다
잔잔히 흐르는 물
  큰 바다 복판으로 든다

白雲澹汀[1] 出沒於大虛之中 流水潺湲[2] 東注於大海之心

물은 굽거나 곧은 곳을 만나도
  언짢아하거나 좋아하지 않고
구름은 스스로 감았다 스스로 풀려
  친하다거나 서먹하지 않는다

水也遇曲遇直 無彼無此 雲也自卷自舒 何親何疎

---

1) *澹汀*: 고요함.
2) *潺湲*: 물이 졸졸 흐르는 모양.

모든 것을 본래 고요해
　"나는 푸르다 나는 누르다"고 말하지 않는데
사람들이 제가 시끄러이
　"이것이 좋다 저것이 나쁘다"는 마음을 낸다

^{만물본한} ^{불신아청아황}　^{유인자료}　^{강생} ^{시호시추}
萬物本閑　不信我靑我黃　惟人自鬧　强生3)是好是醜

경계에 부딪쳐도
　마음이 구름이나 물의 뜻과 같으면
세상에 살면서도
　모두가 자유로워 아무 일도 없으리

^{촉경심여운수의}　^{재생종횡유하사}
觸境心如雲水意　在生縱橫有何事

만일 사람 마음이
　억지로 그 이름 짓지 않으면
좋고 나쁨이
　무엇 좇아 일어나리

^{약인심불강명}　^{호추종하이기}
若人心不强名　好醜從何而起

---

3) 强生 : 억지로 냄. 굳이 냄.

어리석은 사람은
  경계만 버리려 하면서 마음은 버리지 않고
지혜로운 사람은
  마음을 버리려 하고 경계를 버리려 하지 않느니

愚人忘境不忘心　智者忘心不忘境

마음을 버리면
경계는 저절로 고요해지고
경계가 고요해지면
마음은 저절로 움직이지 않나니

忘心境自寂　境寂心自如

이것이 이른바
무심의 참 뜻이니라

夫是之謂無心眞宗[4]　　　　　　　　　　— 백운경한

---

4) 眞宗 : 敎의 참 뜻.

백운암가(白雲庵歌)[1]

소요산 위에 흰 구름 많아
소요산 위의 달과 항상 짝하고
때때로 맑은 바람, 온갖 좋은 일
다른 산에 뛰어난 경치를 알려 주네

逍遙山上多白雲　　長伴逍遙山上月　　有時淸風多好事
來報[2]他山更奇絕

흰 구름이 무심히 허공에 떠 있을 때
그것은 큰 화로의 한 점 눈과 같지만
사방에 비를 내려 차별 없으면
어디고 만물들이 다같이 기뻐하네

白雲無心徧大虛　　其如烘爐[3]一點雪　　行雨[4]四方無彼

---

1) 이 노래는 逍遙山 白雲庵에서 지은 것이다.
2) 來報 : 와서 알림.
3) 烘爐 : 화로.
4) 行雨 : 비를 내림.

此 是處是物皆欣悅

어느새 이 산속에 되돌아오면
산은 빛을 받고 물은 졸졸 흐르나니
묵은 암자 희미하나 안개 속 아니거니
잇단 구름 험한 길에 푸른 이끼 미끄럽네

刹那歸來此山裏　山光着色水嗚咽5)　古庵依稀非霧間
連雲畏道6)蒼苔滑

천방지축 가다 서고 다시 가나니
그 누가 시자인고, 하나 지팡이뿐이네
길 끊긴 암자 문을 동쪽으로 열어 놓고
주인 손님 마주하되 아무 이야기 없네

左傾右傾住復行　誰其侍者唯櫛標7)　路窮菴門向東開
主賓同會無言說

---

5) 嗚咽 : 목이 메어 욺. 물소리의 형용.
6) 畏道 : 험준한 길.
7) 櫛標 : 주장자를 만드는 나무 이름.

산은 말이 없고 물은 졸졸 흐르는데
돌계집은 지껄이고 나무 사람은 꾸짖는다
서쪽에서 서둘러 온 파란 눈의 오랑캐가
이 뜻을 누설하여 부처 해를 파묻었다

山默默水潺潺 石女喧嘩木人咄 汲汲西來碧眼胡8)

漏洩此意埋佛日

조계의 노로 손에 전해 왔는데
"한 물건도 본래 없다" 또 말했구나
우스워라 고금의 천하 사람들
눈썹을 안 아끼고 '방할'을 마구 쳤네

傳至曹溪盧老9)手 又道本來無一物10) 可笑古今天下

人 不惜眉毛11)行棒喝12)

---

8) 碧眼胡 : 파란 눈의 오랑캐. 즉 인도에서 온 달마를 가리킴.
9) 曹溪盧老 : 曹溪는 중국 廣東省에 있는 강 이름. 盧老는 慧能을 가리킴. 혜능의 姓이 노씨이기 때문임. 조계의 寶林寺는 중국 禪宗의 宗風을 드날리던 절로서 혜능은 거기서 제6조가 되다.
10) 本來無寶 : 慧能이 중국 禪宗의 제6조가 된 偈頌의 한 구절.
11) 不惜眉毛 : 눈썹을 아끼지 않는다는 말로서 함부로 설법하면 법을 비방

나는 이제 무엇으로 지금 사람 위할꼬
봄, 가을, 겨울, 여름 좋은 시절에
더우면 시냇가로, 추우면 불 쪼이고
한가히 흰 구름 속 밤중에 좌선하네

我今將何爲今人　春秋冬夏好時節　熱向溪邊寒向火
閑截白雲夜半結

피곤하면 백운루에 한가히 누웠나니
소소한 솔바람은 그 소리 시원하네
그대도 부디 여기 와서 남은 생을 보내게나
시장하면 산나물, 목마르면 샘물 있네

困來閑臥白雲樓　松風蕭蕭聲浙浙13)　請君來此保餘
年　飢有蔬兮渴有泉

— 태고보우

하는 죄로 눈썹이 떨어진다는 말이 있음.
12) 棒喝 : 宗師들이 學人을 다룰 때에 주장자로 때리고 호통을 친다는 말.
13) 浙浙 : 淅淅의 잘못인 듯.

석계(石溪)

하나는 흐르는데 하나는 안 흐르고
침묵한 것도 있고 침묵 안 한 것도 있다
목메인 그 소리로 어디로 돌아가나
저 먼 하늘과 한 빛일 것 생각한다

一流1)一不流2)　有黙3)有非黙4)　嗚咽乃歸何　憶長天一色5)

　　　　　　　　　　　　　　　　　－ 태고보우

---

1) 一流 : 하나는 흐름. 즉 물을 가리킴.
2) 一不流 : 하나는 흐르지 않음. 즉 돌을 가리킴.
3) 黙 : 침묵함. 즉 돌을 가리킴.
4) 非黙 : 침묵하지 않음. 즉 물을 가리킴.
5) 長天一色 : 먼 하늘과 한 빛임. 古詩에 秋水共長天一色이라는 말이 있다.

과운(過雲)

평생의 그 행지가 아주 자재하거니
어디서나 구함 없어 어디서나 편안하다
천하에 가득해도 그 행이 자취 없어
오늘도 그 예처럼 푸른 산에 누워 있다

平生行止大無端   是處無求是處安   行滿天下沒蹤跡
今日依然臥碧山

— 태고보우

석가가 산을 나오는 상[釋迦出山相]

사람들은 그를 석가라 하고
또 불러 싯달타라 하네
부디부디 꿈을 말하지 말라
그는 눈속의 꽃이 아니네

人言是釋迦 又道悉達陀1) 莫莫莫休2)說夢 渠3)非眼中花4)

높고 높음이여, 아무 것도 없고
깊고 넓음이여, 있는 그대로이네
봄바람은 난만하고 물은 흘러가는데
건곤에 우뚝하거니 누가 나를 짝하랴

---

1) 釋迦 悉達陀 : 釋尊이 출가하기 전에 淨飯王의 태자로 있을 때의 이름.
2) 休 : 말라.
3) 渠 : 그 사람.
4) 眼中花 : 눈 속의 꽃. 눈병 난 사람의 눈에 어른거리는 불똥 같은 것. 實體없음에 비유.

$\overset{외\ 외\ 락\ 락}{巍巍落落}$5)兮$\overset{혜\ 적\ 쇄\ 쇄}{赤洒洒}$6) $\overset{밀\ 밀}{密密}$7)$\overset{회\ 회}{恢恢}$8)兮$\overset{혜\ 정\ 나\ 라}{淨裸裸}$9)

$\overset{춘\ 풍\ 난\ 만\ 수\ 유\ 유}{春風爛熳水悠悠}$ $\overset{독\ 보\ 건\ 곤\ 수\ 반\ 아}{獨步乾坤誰伴我}$

만일 산중에서 종자기를 만났던들

어찌 누른 잎 갖고 산을 내려왔으랴, 돌

$\overset{약\ 야\ 산\ 중\ 봉\ 자\ 기}{若也山中逢子期}$10) $\overset{기\ 장\ 황\ 엽}{豈將黃葉}$11)$\overset{하\ 산\ 하\ 돌}{下山下咄}$

— 태고보우

---

5) 巍巍落落 : 높고 큰 모양. 홀로 우뚝 선 모양.
6) 赤洒洒 : 마음에 티가 없어 시원함.
7) 密密 : 매우 조밀한 모양.
8) 恢恢 : 넓은 모양.
9) 淨裸裸 : 眞相 그대로 드러남.
10) 子期 : 鍾子期. 伯牙의 속마음을 잘 알아준 사람.
11) 黃葉 : 한때의 방편을 말한 것. 우는 아기를 달래기 위해 버들잎을 주면서 돈이라 함. 黃葉은 버들잎.

임종게(臨終偈)

사람 목숨 물거품, 빈 것이어서
팔십여 년 세월이 꿈속에 흘러갔네
지금 이 가죽부대 내던지노니
한바퀴 붉은 해가 서산을 넘네

人生命若水泡空 八十餘年春夢中 臨終如今1)放2)皮
岱3) 一輪紅日下西峰

— 태고보우

---

1) 如今 : 지금.
2) 放 : 벗어 던짐.
3) 皮岱 : 가죽부대, 즉 육신

산에 살다[山居]

1.
'바루' 하나, 물병 하나, 가느다란 주장자 하나
깊은 산에 홀로 숨어 되는 대로 맡겨 두다
바구니 들고 나가 고사리 캐어 뿌리째로 삶나니
누더기 옷으로 머리 싸맴, 나는 아직 서툴다

一鉢一瓶一瘦藤[1]   深山獨隱任騰騰[2]   携籃[3]採蕨和
根[4]煮   衲被蒙頭[5]我不能

2.
내게 진공의 일 없는 선정이 있어
바위 사이의 돌을 베고 한가히 잠을 잔다
무엇이 기특하냐고 누가 물으면
"한 벌 해어진 옷으로 백년을 지내리라"

---

1) 瘦藤 : 야윈 주장자. 등은 등나무로 만든 주장자.
2) 騰騰 : 되는 대로.
3) 籃 : 바구니.
4) 和根 : 뿌리째로.
5) 蒙頭 : 머리에 뒤집어씀.

我有眞空⁶⁾無事禪⁷⁾　岩間倚石打⁸⁾閑眠　有人忽問何
奇特　一領⁹⁾鶉衣¹⁰⁾過百年

3.
소나무 창에는 한종일 세상 시끄러움이 없고
물통에는 언제나 들 물이 맑다
다리 부러진 솥에는 맛난 음식 넉넉커니
무엇하러 명리와 또 영화를 구하리

松窓盡日無塵鬧¹¹⁾　石槽常平¹²⁾野水淸　折脚鐺¹³⁾中
滋味¹⁴⁾足　豈求名利豈求榮

---

6) 眞空 : 일체의 邪念이 없는 實相. 有無를 초월한 진정한 空.
7) 無事禪 : 진실한 佛法은 邪念이 없다고 생각하는 선정.
8) 打 : 어조를 강조하는 助字.
9) 一領 : 한 벌.
10) 鶉衣 : 군데군데 기운 해진 옷.
11) 塵鬧 : 세상일의 시끄러움.
12) 常平 : 平常. 항상.
13) 鐺 : 세발 달린 솥.
14) 滋味 : 맛난 음식.

4.

흰 구름 무더기 속에 삼간 초막이 있어
앉고 눕고 거닐기에 스스로 한가하네
차고 맑은 시냇물은 '반야'를 이야기하는데
맑은 바람은 달빛과 어울려 온몸이 차가워라

白雲堆裡屋三間　坐臥經行15)得自閑　磵水冷冷談般
若16)　淸風和月遍身寒

5.

그윽한 바위에 고요히 앉아 헛이름을 끊었고
돌병풍을 의지하여 세상 인정 다 버렸네
꽃과 잎은 뜰에 가득, 사람은 오지 않고
때때로 온갖 새들의 지남하는 소리 듣네

幽岩靜坐絶虛名　倚石屛風沒世情　花葉滿庭人不到
時聞衆鳥指南17)聲

---

15) 經行 : 거닒.
16) 般若 : 分別妄想을 떠난 종횡무진한 지혜.
17) 指南 : 방향을 가리켜 인도함.

6.
나는 산에 살고부터 산이 싫지 않나니
가시사립 띠풀 집이 인간과 같지 않다
맑은 바람은 달과 어울려 추녀 끝을 스치는데
시냇물 가슴 뚫고 쓸개 씻어 차가워라

我^아自^자居^거山^산不^불厭^염山^산　紫^자門^문茅^모屋^옥異^이人^인間^간18)　淸^청風^풍和^화月^월19)簷^첨
前^전拂^불　澗^간水^수穿^천胸^흉洗^세膽^담寒^한

― 나옹혜근

---

18) 人間 : 속세.
19) 和月 : 달과 어울림.

죽림(竹林)

만 이랑의 대나무가 난간 앞에 닿아 있어
사철로 맑은 바람 거문고 소리 보내준다
차군은 울밀하되 하늘 뜻을 통하고
그림자는 뜰을 쓸되 티끌은 그대로다

萬頃琅玕[1]接檻前　淸風四節送琴絃　此君[2]鬱密通霄
志　影掃階中塵自然

— 나옹혜근

---

1) 琅玕 : 아름다운 대나무.
2) 此君 : 대나무의 雅稱. 晉나라 王羲之가 대나무를 차군이라 부른 데서 유래함.

무위(無爲)[1]

동서와 남북이 텅 비어 탁 트이었거니
온갖 하는 일이 모두 다 공이로다
아무 것도 없는 그 경계를 누가 능히 헤아리리
올올하고 등등하여 고풍을 나타낸다

南北東西虛豁豁[2]　諸般所作摠皆空[3]　泯然[4]蕩盡[5]誰能測　兀兀[6]騰騰現古風[7]

— 나옹혜근

---

1) 無爲 : 모든 법의 진실한 本體. 爲는 生滅變化.
2) 豁豁 : 넓은 모양. 虛한 모양.
3) 空 : 無爲의 空.
4) 泯然 : 없어진 모양.
5) 蕩盡 : 죄다 없어진 모양.
6) 兀兀 : 움직이지 않는 모양.
7) 古風 : 옛 모습. 본래의 모습.

서봉(西峰)

금까마귀는 동쪽에서 일어나 어디로 향하는가
남쪽 산이 아니면 북쪽의 언덕이리
아무리 가보아도 다른 길이 없나니
금년에도 또 그 꼭대기에의 빛을 보노라

金烏[8]東起向何方　不是南山與北岡　竟歲終年[9]無異路　今年又見嶺頭光

— 나옹혜근

---

8) 金烏 : 태양의 별칭. 해 속에 세 발 달린 까마귀가 있다는 전설에서 나온 말.
9) 竟歲終年 : 일년 내내. 또는 한평생.

명선자가 게송을 청하다[明禪者求偈]

참선하는 데는 별일이 없고
그 사람의 용맹스런 공부에 있다
곧장 나가되 제 생명 잊어버리면
모든 법마다 한 터럭에 통하리

參禪無別事 當人勇猛工 驀然[1]忘性命 法法[2]一毫通

— 나옹혜근

---

1) 驀然 : 한눈팔지 않고 곧장.
2) 法法 : 모든 법.

염불하는 사람들에게[示諸念佛人]

1.

아미타불 생각할 때 부디 사이 떼지 말고
二六(十二) 시중에 항상 자세히 보라
하루아침에 갑자기 서로 친해 생각하면
동쪽 서쪽이 한 털끝만큼도 간격이 없어지리

彌陀憶念不須間 二六時中子細看 驀得一朝親憶着
東西[1]不隔一毫端

2.

아미타 부처님이 어느 곳에 있는가
마음에 붙들어 두고 부디 잊지 말지니
생각하다 생각하다 생각하는 그마저 없어지면
여섯 문에서 언제나 자금빛 광명을 뿜으리라

阿彌陀佛在何方 着得心頭切莫忘 念到念窮無念處

---

1) 東西 : 아미타불이 계시는 극락세계는 여기서 서방으로 十萬億 國土를 지나 있다고 함.

六門[2] 常放紫金光[3]

3.
여섯 길로 돌아다님 언제 그칠 것인가
떨어질 곳 생각하면 실로 근심스러워라
오직 염불 의지하여 부지런히 정진하여
세상 번뇌 떨어 버리고 내 고향에 돌아가자

六途[4]輪廻何日休 思量落處實爲愁 唯憑念佛勤精進 捌透[5]塵勞驀到頭[6]

— 나옹혜근

---

2) 六門 : 여섯 곳의 감각기관. 즉 눈, 귀, 코, 혀, 몸의 뜻.
3) 紫金光 : 아미타불의 몸은 紫金빛이라 함. 또는 그 광명.
4) 六途 : 중생이 業因에 따라 윤회하는 여섯 세계.
5) 捌透 : 떨고 벗어남.
6) 到頭 : 마침내. 결국.

산중(山中)

쓸쓸한 창에 아침 해 비치는데
단정히 앉았나니 가슴이 시원하다
붓을 휘둘러 산수화를 그리고
책을 펼쳐서는 고금 일을 살펴본다
만승을 구할 마음 전연 없거니
몽당비 있어 천금의 값어치다
임천의 즐거움에 스스로 만족하여
세상 밖의 시 지어 혼자 읊는다

寒窓射朝旭1) 危坐2)爽煩襟3) 振筆摹山水 開書閱古今 無心干4)萬乘5) 有箒享6)千金 自適7)林泉興 因題8)

---

1) 朝旭 : 아침 해.
2) 危坐 : 똑바로 앉음. 단정히 앉음.
3) 煩襟 : 번거로운 가슴.
4) 干 : 구함. 바람.
5) 萬乘 : 天子. 帝王.
6) 享 : 받음. 값어치.
7) 自適 : 마음 가는 대로, 유유히 생활함.
8) 題 : 씀.

方外[9]吟 (밧 외 을)

— 천봉만우

---

9) 方外 : 세속 사람의 테두리 밖. 현실을 떠남.

제3부
조/선/전/기

원각사 10층석탑

굴원을 노래함[賦屈原][1]

천년 멱라수의 가을바람 저녁인데
얼마나 많은 소인, 느꺼워하였던가
그것은 그때 일을 설워함이 아니라
끝내 이루지 못한 그 큰 뜻을 한함이네

汨羅千載秋風晩 多少騷人[2]有感情 不是憐渠當日事

祗憐遐趣[3]竟無成

— 함허기화

---

1) 屈原 : 戰國時代의 楚나라 大夫이며 文學家. 字는 平. 懷王의 신임이 두터웠는데, 참소를 당해 소외되매, 「離騷」를 지어 忠諫하였으나 용납되지 아니하여 汨羅水에 빠져 죽음.
2) 騷人 : 詩人 文士 屈原 一派의 文士.
3) 遐趣 : 원대한 뜻.

현등사[題懸燈寺]

현등산에 걸려 있는 이 현등사
돌에 떨어지는 샘물의 높고 낮은 그 소리
이 물은 천 길과 만 발에서 흘러나나니
저 바다에 닿기 전에는 잠깐도 쉬지 않네

$\overset{현등산대현등사}{懸燈山帶懸燈寺}$　$\overset{락석비천상하성}{落石飛泉上下聲}$　$\overset{출자천심여만장}{出自千尋與萬丈}$

$\overset{창명미도불증정}{滄溟未到不曾停}$

— 함허기화

가을[秋日書懷]

하늘은 높고 구름은 맑고 기후는 조금 쌀랑하고
달은 밝고 바람은 맑아, 흥취가 절로 길다
도연명의 세 길 취미를 멀리 생각하면서
국화 떨기 속에 누워 그 향기 맡아 본다

天高雲淡氣微凉　月白風淸味自長　遙憶淵明三徑趣[1]
菊花叢裡臥聞香

— 함허기화

---

1) 陶淵明三徑句 : 三徑은 隱士의 門庭으로서 원래는 漢나라의 은사 蔣詡의 정원에 좁은 길이 셋 있던 故事에서 나온 말인데, 東晉의 도연명의 「歸去來辭」에 "삼경이 날로 황폐해지려 한다"는 말이 있다.

운악산에 놀며[遊雲岳山]

꼭대기에 올라서는 천리 눈을 높이 뜨고
산중에 들어서는 이 한 몸의 한가함이 넉넉하다
지팡이 두는 곳곳마다 티끌 생각 끊기고
발을 들어가는 곳마다 몸이 절로 편안하다

嶺上高開千里目　山中贏得[1]一身閑　投節[2]處處塵
機[3]絶　擧足行行體自安

— 함허기화

---

1) 贏得 : 넉넉히 얻음.
2) 投節 : 지팡이를 머무름.
3) 塵機 : 티끌 마음. 세상의 간사한 마음.

개심대에 올라 [上開心㙜]

개심대가 좋다는 말 듣고
혼자 오르는 한가을이다
팔만 봉우리는 다 비단이요
삼천 골짝은 모두 유리이다
늦게 오른 것을 한스러워하거니
더디 돌아감을 어찌 탓하랴
잠깐 동안을 하늘 나는
푸른 학 두 마리, 그 또한 흥겨웁다

開心聞說好 獨上正秋時 八萬峰錦繡 三千洞琉璃

旣嫌登陟晩 那恨返歸遲 少選[1]靑雙鶴 浮空興亦彌

— 허응보우

---

1) 少選 : 잠깐, 잠시.

봄산[春山卽事]

봄이 오면 도리어 할 일이 많아
사람들은 아마 한가하지 못하리
중은 재를 구해 마을로 내려가고
나그네는 벗을 찾아 산으로 돌아온다
바람은 부드러워 산 차 싹은 터지고
햇살이 따듯해 새들이 지저귄다
나만 홀로 병들고 또 게을러
이 선관을 벗어날 길 없구나

春到還多事　人應不自閑　求齋僧下市　尋友客來山
茗得風柔嫩1)　禽因日暖喧2)　惟吾緣病瀨　無計動禪關

— 허응보우

---

1) 嫩 : 어리고 연약함.
2) 喧 : 새가 지저귀는 소리.

산에 살면서 [山居雜詠]

어린 고사리는 구름 친해 절하고
향기로운 나물은 비를 맞아 살찌다
바구니 들고 한가히 절을 나가
고사리와 나물 캐어 주림 면한다

嫩蕨和雲揖　香蔬得雨肥　提籃閑出寺　採取每療飢

— 허응보우

취선에게 [寄醉仙]

벼슬을 그만두고 시골에 돌아와 누웠다고 들었는데 그것이 어찌 영화를 사양하고 임금을 저버림이겠는가
그윽한 취미가 세상 취미임을 나는 알지만
고상한 심정이 세상 심정 아님을 누가 알건가
산수 좋은 선동에 살겠다고 이미 약속했나니
무슨 마음으로 먼지 구덩이 한성에서 늙을 건가
그 손도 달 아래서 내 문을 두드리는 버릇이 되었나니
생각건대 아마 그 소원대로 청평으로 돌아오리

憑聞1)解綬2)歸來臥　豈是辭榮負聖明3)　幽趣我知是
世趣　高情誰識不時情　烟霞已約家仙洞　塵土何心老漢
城　月下鼓門曾慣手　想應如望入淸平

— 허응보우

---

1) 憑聞 : 의지해 들음. 인편에 들음.
2) 解綬 : 인끈을 풀다. 벼슬을 그만둠.
3) 聖明 : 임금의 고명한 덕.

오도산에 올라[登悟道山]

산 이름이 도라기에 한 번 보고자 하여
온종일 지팡이 짚고 괴로이 오르는데
오르다가 문득 보는 그 산의 참된 모습……
구름은 스스로 날고 물은 스스로 흐르나니

以道名山意欲看　杖藜[1]終日苦躋攀[2]　行行忽見山眞面　雲自高飛水自湲

— 허응보우

---

1) 杖藜 : 명아주. 지팡이로 씀.
2) 躋攀 : 기어오름.

스스로 기뻐함[因事自慶]

스승의 가르침에서 삼덕을 배워 알고
바람 앞의 풀을 보고 일승을 깨닫는다
적적한 암자에서 한가히 혼자 생각하면
아마 나는 여러 생에 중이 되었던가 보이

憑1)師敎上知三德2) 見草風前悟一乘3) 寂寂小堂閑
自念 多生應作中僧

— 허응보우

---

1) 憑 : 의지함.
2) 三德 : 恩德(如來가 중생을 구제하는 덕), 斷德(여래가 번뇌를 끊는 덕), 智德(여래가 지혜로 일체의 법을 비추는 덕).
3) 一乘 : 成佛할 수 있는 유일의 道

임종게(臨終偈)

요술쟁이가 요술쟁이 고향을 찾아 들어와
오십 년 동안 온갖 미친 놀음을 모두 놀았다
인간의 영화와 치욕을 모두 장난쳐 마치고
중의 허수아비 껍질을 벗고 맑은 하늘로 오른다

幻人[1]來入幻人鄕　五十餘年作戱狂　弄盡人間榮辱[2]事　脫僧傀儡[3]上蒼蒼[4]

— 허응보우

---

1) 幻人 : 요술쟁이.
2) 榮辱 : 영화와 치욕.
3) 傀儡 : 허수아비. 꼭두각시.
4) 蒼蒼 : 하늘이 개어 맑은 모양.

선조대왕이 내리신 묵죽시의 운을 삼가 빌어
[敬次宣祖大王御賜默竹詩韻][1]

소상강의 한 가지 대가
성주의 붓 끝에서 나와
산승의 향불 사르는 곳에서
잎마다 가을 소리 띠었네
잎은 붓 끝에서 나왔고
뿌리는 땅에서 난 것 아니네
달이 와도 그림자 볼 수 없고
바람이 흔들어도 소리 들을 수 없네

瀟湘[2]一杖竹　聖主筆頭生　山僧香爇[3]處　葉葉帶秋聲
葉自毫端[4]出　根非地向生　月來無見影　風動不聞聲

— 청허휴정

---

1) 墨竹詩 : 먹으로 그린 대의 시.
2) 瀟湘 : 중국의 강 이름. 즉 瀟水와 湘水. 斑竹으로 유명함.
3) 香爇 : 향을 사름.
4) 毫端 : 붓의 끝.

가야산에 놀다【遊伽倻】

지는 꽃향기 골짝에 가득하고
우는 새소리 숲 너머 들려온다
묻노니 그 절은 어디 있는가
푸른 산의 절반은 다 구름이나

落花香滿洞　啼鳥隔林聞　僧院在何處　春山半是雲

— 청허휴정

통틀어 비판함[通決]

이태백과 두자미 가고 난 뒤에는
풍월과 친하는 이 없다고 누가 말하던가
천지는 지극히 공평한 것이어니
어찌 한 두 사람만이 차지할 건가

誰言李杜後 風月[1]無相親 天地至公物 豈私[2]一二人

— 청허휴정

---

1) 風月 : 淸風과 明月. 곧 자연의 좋은 경치
2) 私 : 私有함.

초옥(草屋)

돌 위에는 물소리 어지럽고
못 가에는 파란 풀 우거졌다
쓸쓸한 산에 바람 비 많아
꽃이 떨어져도 쓰는 사람 없구나

_{석상란계성} _{지변생록초} _{공산풍우다} _{화락무인소}
石上亂溪聲　池邊生綠草　空山風雨多　花落無人掃

— 청허휴정

일선암의 벽에 씀[題一仙庵壁]

산은 스스로 무심히 푸르고
구름은 스스로 무심히 희다
그 가운데 한 사람 상인
그 또한 무심한 나그네다

山自無心碧　雲自無心白　其中一上人　亦是無心客[1]

— 청허휴정

---

1) 客 : 이 세상은 하나의 여관이요, 사람은 그 나그네다.

임종게(臨終偈)

천 생각 만 생각이
붉은 화로의 한 점 눈이다
진흙소가 물 위로 다니나니
대지와 허공이 다 찢어진다

千思萬思量　紅爐一點雪　泥牛水上行　大地虛空裂

— 청허휴정

병회(病懷)

동산에 봄은 깊고 나그네는 병이 많아
연못에 비 지난 뒤, 시름에 문 닫았다
아이는 달려와서 "물에서 연잎 나왔다"
늙은 중은 알려 준다 — "대나무 순 났다"고

$\overset{춘}{春}\overset{심}{深}\overset{원}{院}\overset{락}{落}\overset{객}{客}\overset{다}{多}\overset{병}{病}$ $\overset{우}{雨}\overset{과}{過}\overset{지}{池}\overset{당}{塘}\overset{수}{愁}\overset{폐}{閉}\overset{문}{門}$ $\overset{동}{童}\overset{자}{子}\overset{주}{走}\overset{운}{云}\overset{련}{蓮}\overset{출}{出}\overset{수}{水}$

$\overset{노}{老}\overset{승}{僧}\overset{래}{來}\overset{보}{報}\overset{죽}{竹}\overset{생}{生}\overset{손}{孫}$

— 청허휴정

청허가(清虛歌)

그대는 거문고 안고 큰 소나무를 의지하나니
큰 소나무는 변하지 않는 마음이요
나는 길게 노래하며 푸른 물가에 앉나니
푸른 물은 맑고 빈 마음이다
마음이여 마음이여
나와 다만 그대로다

^{군포금혜의장송} ^{장송혜불개심} ^{아장가혜좌록수 록}
君抱琴兮倚長松　長松兮不改心　我長歌兮坐綠水　綠
^{수혜청허심} ^{심혜심혜} ^{아여군혜}
水兮淸虛心　心兮心兮　我與君兮

— 청허휴정

눈멀고 귀먹은 늙은 스님에게[贈盲聾禪老]

들지 못하면서 제 성품을 듣고
보지 못하면서 참 마음을 본다
마음과 성품을 온통 잊는 그곳에
텅 비고 맑은 물의 달이 나타난다

$\underset{\text{불 문 문 자 성}}{\text{不聞聞自性}}$　$\underset{\text{불 견 견 진 심}}{\text{不見見眞心}}$　$\underset{\text{심 성 도 망 처}}{\text{心性都忘處}}$　$\underset{\text{허 명 수 월 림}}{\text{虛明水月}}$1)$\text{臨}$

— 정관일선

---

1) 水月 : 물과 달. 물 속의 달. 눈으로 볼 수는 있으나 손으로 잡을 수 없는 것의 비유. 있는 듯도 없는 듯도 한 것의 비유.

금강대에 다시 올라[重上金剛臺]

누각에 홀로 앉아 잠 못 드는데
벽에 달린 외로운 등불이 쓸쓸하다
때때로 창밖을 지나가는 좋은 바람
뜰 앞에 떨어지는 솔방울 소리

高坮靜坐不成眠　寂寂孤燈壁裡懸　時有好風吹戶外
却聞松子[1]落庭前

— 정관일선

---

1) 松子 : 솔방울

임종게(臨終偈)[1]

삼척의 취모검을
오랫동안 북두성에 감추어 두었었다
하늘에 구름이 모두 걷힌 뒤
이제 비로소 그 날 끝을 드러냈다

三尺吹毛劒[2] 多年北斗[3]藏 太虛[4]雲[5]散盡 始得露鋒鋩[6]

— 정관일선

---

1) 臨終偈 : 죽음에 다다라 읊는 게송.
2) 吹毛劒 : 털을 불어 대어도 끊어지는 예리한 칼. 즉 佛性. 本心의 비유.
3) 北斗星 : 하늘 북극에 있는 일곱 개의 별. 神의 기밀을 간직한 곳의 상징.
4) 太虛 : 하늘. 마음에 비유.
5) 雲 : 구름. 즉 妄念.
6) 鋒鋩 : 칼날의 끝. 즉 진리. 見性을 말함.

자조(自嘲)

무생의 가곡으로 한평생을 보내면서
물과 산의 봄 가을을 몇 번이나 지났던고
천고의 나그네 마음, 백대의 일들이여
구름은 일었다 사라졌다, 달은 찼다 기울었다……

無生歌曲送平生　幾度溪山黃又靑　千古旅情百代事
浮雲起滅月虧盈

— 제월경헌

남화경을 읽고 [讀南華經[1] 有感]

내게 깃을 주면 하늘을 날 것이요
물고기 되면 깊은 못에 잠길 것이다
우스워라 꿈속에서 꿈을 점치는 이여
제 몸이 용광로에 있는 줄 모르는구나

假我生羽戾長天[2]　任地鱗[3]潛百丈淵　堪笑夢中占夢[4]者　不知身在鑄爐[5]邊

— 중관해안

---

1) 南華經 : 莊周의 著書인 『莊子』의 別稱.
2) 戾天 : 하늘의 이름.
3) 鱗 : 비늘. 즉 물고기.
4) 占夢 : 꿈을 점침. 장주가 꿈에 나비가 되어 날아다녔다는 故事.
5) 鑄爐 : 쇠를 녹여 물건을 만드는 화로.

108

겨울날 호남으로 감[冬日湖南行]

겨울 구름에 눈 내릴 듯, 북풍은 찬데
지팡이를 어깨에 메고 멀리 바라보느니
해 저문 날 모래밭에 놀란 기러기
바다 위로 비스듬히 두세 줄 날아간다

冬雲欲雪北風凉　櫛標¹⁾橫肩眼界長　驚起暮天沙上雁
海門²⁾斜去兩三行

— 중관해안

---

1) 櫛標 : 중이 지팡이를 만드는 나무. 즉 지팡이.
2) 海門 : 海峽. 즉 육지와 육지 사이에 끼여 있는 바다의 좁은 부분.

임종게(臨終偈)

거북 털의 외 화살을
토끼 뿔의 활에 세 번 튕겨
바람풍이 부는 자리에 앉아
바로 쏘아서 허공을 깨었다

一隻龜毛箭 三彈兎角[1]弓 嵐風[2]吹處坐 直射破虛空

— 중관해안

---

1) 龜毛兎角 : 모두 '無'를 뜻함.
2) 嵐風 : 毘嵐風. 가장 격심한 바람. 죽음을 뜻함.

피리 소리를 듣고[聞笛]

싸늘한 바람이 밤 시각을 재촉하는데
어디서 들려오는 저 슬픈 피리 소리
나그네의 시름을 가만히 일으킨다
다시 고향 생각을 이끌어 온다
관문 산에는 깊은 설움 간절하고
눈 위에 달빛에는 먼 정이 열린다
홀로 앉아 부질없이 슬퍼하나니
가을 바람에 매화 열매 떨어진다

寒風催夜漏 何處笛聲哀 暗引客愁至 却牽鄕思來

關山1)幽遠切 雪月遠情開 獨坐空怊悵 飄零一樹梅

— 부휴선수

---

1) 關門 : 관문과 산. 고향의 산.

황혼에 사람 부르는 소리 듣고[黃昏聞喚聲]

눈발은 어지럽고 해는 이미 잠기고
찬바람은 쌀쌀히 숲속에서 일어난다
저 산문 밖에서 멀리 들려오는 소리
아마 어떤 나그네의 주인 부르는 소린가 봐

新雪飄飄[1]日已沈 寒風颯颯[2]起疏林 數聲遙徹山門外 應是行人喚主音

— 부휴선수

---

1) 飄飄 : 바람에 가볍게 나부끼는 모양.
2) 颯颯 : 바람이 쌀쌀하게 부는 소리.

임종게(臨終偈)[1]

칠십여 년을 환해에 노닐다가
지금 껍질을 벗고 근본으로 돌아간다
진성은 확연하여 아무것도 없나니
어디 보리, 생사의 근본 있으리

七十餘年遊幻海[2]　今朝脫殼返初源[3]　廓然[4]眞性元無物　何有菩提[5]生死根

— 부휴선수

---

1) 臨終偈 : 죽음에 다다라 마지막으로 남기는 시.
2) 幻海 : 요술의 바다. 浮世에 비유한 것.
3) 初源 : 근본.
4) 廓然 : 텅 빈 모양.
5) 菩提 : 佛智, 佛道, 正覺.

제4부
조선후기

팔상전

고향을 바라보며[望故鄕]

멀고 먼 남쪽 나라 기러기도 끊겼는데
병든 몸 부질없이 고향을 생각한다
구름 덮인 먼 골짝을 나그네는 바라보며
달 넘어간 다락에서 꿈만 자주 놀라 깬다
철 늦은 못가에는 버들꽃이 날리고
봄이 깊은 옛 절에는 꾀꼬리 지저귄다
지난해에 내가 놀던 낙동강가 그 길에는
꽃다운 풀 예대로 하마 우거졌으리

南國迢迢¹⁾回鴈²⁾絶　病中虛動故園情　雲埋楚峽客長

望　月墮江樓夢屢驚　節晩橫塘飛落絮　春深故院語流鶯

遙知洛水去年路　芳草萋萋³⁾依舊生

— 사명유정

---

1) 迢迢 : 먼 모양.
2) 回鴈 : 돌아오는 기러기.
3) 萋萋 : 풀이 우거진 모양.

만폭동(萬瀑洞)[1]

여기가 바로 인간의 백옥경인가
유리동부에 중향성이다
날아 흐르는 만폭은 천봉의 눈인데
긴 읊음 한소리에 천지가 다 놀란다

此是人間白玉京[2]　　琉璃洞府[3]衆香城[4]　　飛流萬瀑千峰雪　長嘯[5]一聲天地驚

— 사명유정

---

1) 萬瀑洞 : 금강산에 있는 골짜기 이름.
2) 白玉京 : 天帝가 사는 천상의 서울.
3) 洞府 : 신선이 산다는 깊은 골짜기.
4) 衆香城 : 금강산에 있는 산봉우리의 이름.
5) 長嘯 : 소리를 길게 빼어 읊음. 폭포소리를 형용한 말.

신라의 옛 여관에서 밤에 앉아[新羅故館夜坐]

깊은 가을, 흐린 촛불, 그림 병풍 차갑고
밤빛이 쓸쓸한데 반딧불이 어지럽다
머리털에 흐르는 세월 속절없이 늙었나니
이 삶이란 참으로 우습고도 슬퍼라

秋深殘燭畵屛冷　夜色寥寥螢火飛　鬢上流年[1]空老大[2]　此生堪笑又堪悲

— 사명유정

---

1) 流年 : 흐르는 세월.
2) 老大 : 나이 먹음.

체포되어 강릉에 오다[擒下江陵]1)

한 번 산에 들어가 여러 해 지났는데
알 수 없구나, 금년이 무슨 해인고
어떤 중이 와서 권선문을 써 갔는데
누가 알았으리, 이 인간에 이런 인연 있을 줄을

一入烟霞2)多歲月 不知今歲是何年 僧來請寫勸文3)
去 誰料人間有異緣

— 사명유정

---

1) 이것이 앞에서 말한 鄭女立의 獄事에 작자가 연루되었다는 누명을 쓴 그 원인이 된 것인가.
2) 烟霞 : 연기와 놀. 곧 산수의 경치.
3) 勸文 : 勸善文 信心이 있는 이에게 중이 시주하기를 청하는 글.

고존사 화성(古尊師化城)

선교의 그 근원은 다 같은 일미인데
심식으로 달다 시다 분별하지 말아라
만일 물결을 따라 이리저리 달리면
끝내 다시 남에게 나루터를 물으리

$\overset{선교동원유일미}{禪敎同源唯一味}$ $\overset{막장심식변감신}{莫將心識辨甘辛}$ $\overset{약야수파축랑주}{若也隨波逐浪走}$
$\overset{미면종타갱문진}{未免從他更問津}$

- 소요태능

무위인(無位人)[1]

탁 트이고 영통한 오랜 옛 주인
그는 고금천지의 오직 하나 참사람
바다와 산, 바람과 구름의 변화를 다 겪고도
낙락하고 외외한 늙지 않는 사람이다

虛徹靈通舊主人　　古今天地一眞人　　多經海岳風雲變

落落巍巍[2]不老人

- 소요태능

---

1) 無位人 : 인위적인 지위를 뛰어난 사람. 해탈한 사람, 마음.
2) 落落巍巍 : 우뚝 솟은 모양.

산중에서 [山中偶吟]

평생에 절 종소리 사랑하기에
늘그막에 소나무 구름 속에 누워 있다
경전을 의논하는 법려가 많아
산봉우리 달빛 아래 이야기한다

平生愛梵鐘1) 垂老2)臥雲松 論經多法侶3) 人語月中峰

― 편양언기

---

1) 梵鐘 : 절에서 치는 종.
2) 垂老 : 거의 노인이 됨. 일설에는 칠십에 가까운 노인.
3) 法侶 : 불교를 믿는 벗. 즉 중, 승려.

산에 살다[山居]

이 통성암에 머무른 뒤로
그윽한 일이 날마다 이어진다
밭을 일구어 향기로운 차를 심고
정자를 지어 먼 산을 바라본다
밝은 창 앞에서는 패엽을 읽고
밤 걸상에서는 선관을 참구한다
이 세상의 번화한 사람들이야
어찌 이 세상 밖의 한가한 맛을 알리

自栖通性後 幽事日相干[1] 造圃移芳茗 開亭望遠山
晴窓看貝葉[2] 夜榻究禪關[3] 世上繁華子 安知物外[4]閑

― 편양언기

---

1) 相干 : 서로 관계함.
2) 貝葉 : 貝多葉. 인도의 多羅樹의 잎. 거기에 불경을 베꼈으므로 불경을 말함.
3) 禪關 : 禪의 관문. 즉 話頭를 말함.
4) 物外 : 속세의 밖.

내원에서 의상대를 바라보며[內院¹⁾對義湘臺²⁾]

남쪽을 바라보면 중봉에 절이 있는데
조그만 암자는 그림인 듯 송림 속에 숨어 있다
생각하면 그 스님이 선정에서 나왔을 때
저녁 구름에 바람을 타고 종소리 들렸으리

南望中峰有蘭若³⁾　小庵⁴⁾如畵隱深松　想得高僧出定後　暮雲風送數聲鐘

― 편양언기

---

1) 內院 : 妙香山에 있는 절.
2) 義湘臺 : 義湘大師가 노닐던 坮.
3) 蘭若 : '아란야, 즉 절.
4) 小庵 : 義湘臺를 말함.

뜰의 꽃[庭花]

비 내린 뒤에 뜰에 밤마다 꽃이 피어
맑은 향기 스며들어 새벽 창이 신선하다
꽃은 생각 있는 듯 사람 보고 웃는데
선방의 스님네는 헛되이 봄 보낸다

雨後庭花連夜發　　淸香散入曉窓新　　花應有意向人笑
滿院禪僧空度春

— 편양언기

산에 살다(山居)

산은 나를 부르지 않고
나도 산을 모른다
산과 내가 서로 잊을 때
비로소 별달리 한가함 있다

山非招我住　我亦不知山　山我相忘[1]處　方爲別有閑

― 취미수초

---

1) 相忘 : 서로 잊음. 산은 나를 잊고 나는 산을 잊는 곳에 비로소 도가 있다. 物我無間의 경지.

고향에 돌아오다[回鄕]

늙어 고향 돌아오자 문득 마음 걸리어
봄날 따뜻한데 한강에 배 띄우다
간 곳마다 경색은 모두 바로 꿈만 같고
만나 이야기하는 사람, 반은 그 사람 아니다
문 앞의 버드나무, 꽃은 모두 떨어졌고
뒷동산에 매화는 맺은 열매 새롭다
돌아보면 아름답다 나를 반겨하는 듯
배성의 삼각산이 구름 속에 우뚝 선다

老來鄕國忽關神 日暖浮杯漢江春 到處物華[1]渾是夢
見人笑談半非眞 門前槐柳飄花盡 圃後梨梅結子新 回
首可憐[2]如舊識 背城三角卓雲濱

— 취미수초

---

1) 物華 : 경치, 風光.
2) 可憐 : 예쁘고 아름다움. 귀여움. 불쌍함.

나비의 꿈 [胡蝶夢]

동쪽 집에서 나비가 춤추더니
서쪽 집에서 봄이 이미 저물었다
나무마다 꽃필 때 나비 오다가
지는 꽃 뜰에 가득 나비가 간다
지는 꽃 가는 나비 모두 무정해
이별하고 갈 곳 없는 나와 같아라
봄바람에 꽃과 나비 올 때 있지만
거울 속에 내 얼굴은 다시 젊기 어렵다

胡蝶舞東家 西家春已暮 花開萬樹胡蝶來 花落滿地
胡蝶去 花飛蝶駿俱無情 似我離別歸無處 春風花蝶來
有時 鏡中顏色難再好

— 허백명조

표훈사(表訓寺)

물 건너고 산을 올라 도량에 들 때
금강대 우뚝 높고 나무는 울창하다
비석을 우러러선 오래 지난 세월 알고
바위 샘물 떠 마시자 오장이 씻길 듯하다
난간을 흔드는 솔바람은 소나기 소리인 듯
뜰에 깔리는 달빛은 새벽 서리 내렸는가
유마힐의 방장실이 가장 거룩하나니
파름한 향불 연기 상방을 감고 돈다

涉水登山入道場 金剛坮逈樹蒼蒼 仰尋石碣知千載
欲酌岩泉洗五臟 松籟撼軒疑急雨 月光鋪砌訝晨霜 最
憐方丈1)維摩詰2) 碧縷香烟繞上方3)

— 허백명조

---

1) 方丈 : 維摩詰의 居室이 一丈 四方이었던 데서 和尙, 國師 등의 高僧이 거처하는 처소를 이름.
2) 維摩詰 : 석가 부처님의 在家제자. 불도를 닦아 보살이 된 사람.
3) 上方 : 주지의 居室. 方丈과 뜻이 같음.

홀로 앉아[獨坐]

고요한 마루에 홀로 앉아 마음에 걸리는 일 많아
살쩍에 드는 서릿발에 흰 털만 더해 간다
발을 걷으면 거미그물을 두렵게 보고
베개를 베면 귀뚜라미 소리를 시름스레 듣는다
뜰에 비치는 밝은 달은 믿쁨스레 오는데
길에 가득 푸른 구름은 무정하게도 간다
내 마음 아는 것은 오직 세 자 거문고
끌어당겨 줄 고르고 두어 가락 튕겨 본다

獨坐幽軒萬慮縈1) 淸霜入鬢剩添莖 開簾怕見知朱2)
網 欹枕愁聞悉率3)聲 明月到堦來有信 靑雲滿路去無
情 知心惟有琴三尺 就撫瑤徽4)皷再行

― 허백명조

---

1) 縈 : 걸림.
2) 知朱 : 蜘蛛 거미.
3) 悉率 : 蟋蟀 귀뚜라미.
4) 瑤徽 : 고운 줄.

131

다시 동래에 오다[復到東萊]

전에는 열흘 장마에 시달렸는데
오늘 다시 돌아오매 만상이 새롭구나
좋은 이 서쪽 바람 가을빛 속에
벼꽃 향기가 말발굽의 티끌을 떤다

^{석시림우고연순} ^{금일귀래만상신} ^{호시서풍추색리}
昔時霖雨苦連旬　今日歸來萬像新　好是西風秋色裏

^{도화향불마제진}
稻花香拂馬蹄塵

— 허백명조

쌍암[題雙庵][1)]

창건한 지 겨우 세 해
암자는 두어 칸뿐인데
빈 창에는 맑은 물이 다다랐고
짧은 처마에는 푸른 산이 다가선다
저녁 새는 연기 속으로 멀리 가는데
봄날 돛배는 비 맞으며 한가롭다
문득 바라보는 숲 밖의 그림자
꽃 핀 오솔길로 늙은 중이 돌아온다

初創纔三歲　茅庵只數間　窓虛臨白水　簷短逼靑山

暮鳥衝烟遠　春帆帶雨閑　忽看林外影　花逕老僧還

— 백곡처능

---

1) 쌍암은 鞍嶺 밑에 있다.

산을 나오다[出山]

걸음 걸음이 산문을 나오나니
새는 지저귀고 꽃은 다 떨어졌다
연기 깔린 모래밭에 갈 길이 아득하여
천봉 빗발 속에 혼자 서 있다

步步出山門　鳥啼花落後　烟沙去路迷　獨立千峰雨
(보보출산문)　(조제화락후)　(연사거로미)　(독립천봉우)

— 백곡처능

혜스님을 보내며[別憓師]

나그넷길은 외로운 구름 밖인데
이별하는 정자는 우거진 숲속이라
푸른 산의 한 누더기 옷이여
나부끼는 불자와 또 봄바람이다

客路孤雲外　離亭亂樹中　靑山一白衲　飄拂1)又春風

― 백곡처능

---

1) 拂 : 拂子. 얼룩소의 꼬리를 묶어 자루를 단 佛具. 원래는 먼지를 털거나 파리를 쫓기 위해 중이 가졌던 물건. 우리말로 총채.

가을날 인존숙께 드림[秋日寄忍尊宿][1)]

단풍나무에 서리가 내려 잎이 다 붉었는데 발 밖에는 안갯발이 가볍고 작은 시내에는 바람이 인다
다정하여라, 가장 사랑스런 황혼의 달이 깊숙이 사는 쓸쓸한 사람을 비추어 준다

霜著楓林葉盡紅　　隔簾輕靄小溪風　　多情最愛黃昏月
來照幽人寂寞中

— 백곡처능

---

1) 尊宿 : 덕이 높은 연장자에 대한 존칭.

일언에서 십언까지[自一言至十言]

어정거리며 排^배

이리저리 다닌다 徊^회

달이 비치는 골짜기 月壑^{월 학}

바람이 부는 누대다 風坮^{풍 대}

지팡이 이끌고 가고 攜杖去^{휴 장 거}

구름을 헤치며 돌아온다 拂雲回^{불 운 회}

흰 돌에 한가히 걸터앉고 閑蹲白石^{한 준 백 석}

푸른 이끼를 게으이 밟는다 倦踏靑苔^{권 답 청 태}

사나운 호랑이를 길들여 데려오고 猛虎馴將來^{맹 호 순 장 래}

지저귀는 새를 벗으로 얻어 온다 鳴禽伴得來^{명 금 반 득 래}

깊숙한 집은 우거진 대나무의 幽棲亂竹三逕^{유 서 란 죽 삼 경}1)

137

세 길이요

풍류스런 흥취는 좋은   逸興良茶數盃
차의 몇 잔이다

평상이나 걸상은 매양   床榻每因迎客設
손님을 맞이하기 위해 베풀어지고

문의 빗장은 대개 중을   門扃多爲送僧開
보내기 위해 열린다

담박한 참 근원은 그 맛이   淡薄眞源其味如薺
냉이새풀 같고

성쇠의 꼭두각시 바다에 이   榮枯幻海此心似灰
마음은 재와 같다

시내 남쪽과 시내 북쪽의 열   溪南溪北十畝斯可足
이랑 밭으로 만족하고

저승이나 이승의 모든 일에   身後身前萬事不須哀
부디 슬퍼하지 말라

---

1) 三逕 : 漢나라 蔣詡가 뜰 안에 세 갈래 길을 만들고 각각 菊, 松, 竹을 심은 故事. 즉 隱者의 뜰을 말함.

평생의 소원은 다만 스스로 　　平生志願只自可無苟得

　구차하게 얻으려 함이 없는 것이니

장생을 따르려 하거든 　　　　欲逐莊生[2]相上下用安排

　상하를 잘 보아 적당히 배치하라

— 백곡처능

---

2) 莊生 : 莊子

시골 서재의 밤에[村齋夜吟]

창을 비추는 달 밝은 밤에
외로운 초당에 누워 있다가
산으로 달리는 꿈 갑자기 깨었나니
닭은 자주 울고 새벽 기운이 차다

半窓明月夜　孤臥草堂閒　忽破歸山夢　鷄鳴曉氣寒

— 월저도안

청허당 판상운을 따라[次淸虛堂板上韻]

동국의 한 사람 청허
팔십여 세에 돌아가셨다
법신은 공이라 적멸하나니
남은 자취는 경서뿐이다
비 개어 시냇물소리 트이고
구름이 열려 계수 그림자 성기다
나는 와서 스님의 방에 올라
우러러 절하여 권여를 생각한다

東國一淸虛 西歸[1]八十餘 法身空寂滅 陳迹只經書

雨捲溪聲徹 雲開桂影疎 我來昇丈室[2] 瞻禮想權輿[3]

— 월저도안

---

1) 西歸 : 西方 극락세계로 돌아감.
2) 丈室 : 方丈室, 祖室 스님이 거처하는 방.
3) 權輿 : 사물의 시초.

각해 스님에게[次贈覺海師]

북산 남악의 흰 구름이 암자거니
간 곳마다 그 생애는 세상을 뛰어났다
영장산의 절에서 뜻밖에 만났는데
창에 가득 밝은 달에 그 모두 청담이다

北山南岳白雲庵　　隨處生涯出世男　　邂逅靈長山裡寺
半窓明月盡淸談

— 월저도안

임종게(臨終偈)

뜬구름 자체는 본래 공인 것
본래 공인 것은 바로 저 허공이다
허공에 구름이 일고 사라지나니
일고 사라짐도 온 데 없는 본래 공이다

浮雲自體本來空　本來空是太虛空　太虛空中雲起滅

氣滅無從本來空

— 월저도안

삼가 백암께 드림[謹呈栢庵]

장부가 그 몸을 한 번 맡긴 뒤에야
칼이 가슴에 와도 마음을 바꾸지 않겠거니
더구나 이 세계가 이처럼 뜨겁거늘
그 누가 저 뜰 앞의 잣나무 그늘을 외면하리

$\overset{\text{장 부 일 위 기 신 후}}{丈夫一委其身後}$ $\overset{\text{백 인 당 흉 불 역 심}}{白刃當胸不易心}$ $\overset{\text{황 호 세 계 이 마 열}}{況乎世界伊麽}$[1]$\overset{\text{}}{熱}$
$\overset{\text{수 외 정 전 백 수 음}}{誰外庭前栢樹}$[2]$\overset{\text{}}{陰}$

— 무용수연

---

1) 伊麽 : 恁麽. 이와같이.
2) 庭前栢樹 : 趙州선사의 話頭. 조주선사의 法統과 그 가르침을 뜻함.

소제에 누운 소[蘇堤臥牛]

바람은 부드럽고 날은 따뜻하고 또 풀은 살진데
밭두둑에 비스듬히 누워 있는 배부른 소
소치는 아이가 피리를 불어 깨워 일으키려 하나
봄 졸음이 한창 무르녹아 머리도 들지 않네

風和日暖草肥膩[1]　　隴上頹然[2]飽臥牛　牧兒吹笛欲驚起　春睡方濃何擧頭

― 무용수연

---

1) 肥膩 : 살지고 기름짐.
2) 頹然 : 힘없이 쓰러져 있는 모양.

청평사에서 [題淸平寺]

몇 번이나 헐었는가, 천고의 옛 절
쓸쓸히 사립문도 닫혀 있구나
뜰에 자란 풀에서 중이 적음 알겠고
길에 낀 이끼에서 손님 드묾 알겠다
까마귀는 동산의 오이 탐내고
쥐는 흙담에 구멍을 팠다
주지는 무심히 앉아 있는데
다람쥐가 장난삼아 옷에 오른다

幾墟千古寺 寂寞掩柴扉 庭草知僧少 逕苔認客稀
鴉偸園瓜盡 鼠穴土墻依 庵主忘機[1]坐 林鼯[2]戱上衣

― 환성지안

---

1) 忘機 : 귀찮은 世事를 잊음. 機는 마음의 꾸밈.
2) 鼯 : 다람쥐.

기러기 소리를 듣고[聞鴈]

언덕 너머 단풍은 비단 펼치고
빈 뜰의 나뭇잎 가을을 흩뿌린다
거기 또 하늘 끝의 기러기 소리 들리나니
나그네 잠자리가 고향 시름 일으킨다

隔岸楓開繡　空庭葉散秋　又聞天外鴈　旅榻起鄕愁
_{격 안 풍 개 수　공 정 엽 산 추　우 문 천 외 안　여 탑 기 향 수}

— 천경해원

영자찬(影自讚)[1]

나는 너를 따르고 너도 나를 따르면서
칠십여 년을 잠깐도 떠나지 않았었다
내가 뿌리로 돌아가면 너는 세상에 있으리니
거짓과 허깨비로 뒷사람을 속이지 말라

^{아 수 거 야 거 수 아}
我隨渠也渠隨我　　^{칠 십 여 년 불 잠 리}
七十餘年不暫離　　^{아 야 귀 근 거 재 세}
我若歸根渠在世

^{막 장 위 환 후 인 사}
莫將僞幻後人斯

— 천경해원

---

1) 이 시는 그 제2수다.

148

선객에게[贈禪客]

땅을 파면 다 물이 나오고
구름 걷히면 모두 하늘이 푸른 것을
구름과 물이 있는 이 강산에
그 어느 것이 그 선이 아니랴

地鑿皆生水　雲收盡碧天　江山雲水地　何物不渠禪

— 묵암최눌

홀로 앉아[獨坐]

고요하여라 한가히 앉아
물을 관하고 또 산을 관한다
한 기운이 모든 것을 잘 감싸
만상 사이에 두루 흐른다

寥寥閑獨坐　觀水後觀山　一氣能磅礴[1]　周流萬像間

— 묵암최눌

---

1) 磅礴 : 섞어 하나로 만듦. 또 충만함

꿈[夢]

꿈속에서 꿈 이야기하며 남을 꿈꾼다 하며
꿈과 꿈이 끝이 없어 꿈을 깨지 못하나니
비록 나비 되어 장원 밖을 날았으니
그래도 그는 분명 꿈꾸는 사람이다

夢中說夢喚人夢　夢夢無窮夢不醒　縱出莊園蝴蝶[1]外
分明猶是夢人情

— 묵암최눌

---

1) 蝴蝶 : 莊子가 꿈에 나비가 되어 날아다니다가 깬 후에, "莊周가 나비가 되었는지 나비가 장주가 되었는지 모르겠다"고 한 故事.

목욕[澡浴]

산골 시냇물에 목욕하나니
비고도 밝아 새삼 씻을 때 없네
본래 깨끗하거니 무엇하러 목욕하리
많은 생의 죄업의 몸을 씻을 뿐이네

洗沐春山古澗濱　虛明無復可湔塵　本來淸淨何須浴
但滌多生罪業身

— 묵암최눌

시내에 나가[谿行]

— 대둔사에서[在大屯寺]

나물 캐다가 시냇가에 쉬노니
시냇물은 맑고도 또 잔잔하다
새로운 등나무는 비 뒤에 깨끗하고
오랜 돌은 구름 속에 고와라
새로 나온 잎은 한창 자라 귀엽고
늘어진 꽃은 시들지 않아 기쁘다
푸른 바위는 수놓은 병풍에 맞먹고
파란 이끼는 비단자리 대신한다
사람 삶에서 무엇을 또 바라랴
턱을 고이고 앉아 돌아가기 잊었는데
쓸쓸하여라, 산의 해가 저물어
저 수풀 끝에 저녁 연기가 인다

採薇休溪畔 溪流淸且漣 新藤經雨淨 古石依雲娟

嫩葉[1]憐方展 葵花[2]欣未蔫[3] 靑岩當繡屛 碧蘚代紋筵

---

[1] 嫩葉 : 새로 나온 잎.
[2] 葵花 : 늘어진 꽃.
[3] 蔫 : 시듦.

人生亦何求　支頤⁴⁾澹忘還　滄凉山日暮　林末起暝煙
<small>인 생 역 하 구　지 이 담 망 환　창 량 산 일 모　림 말 기 명 연</small>

― 초의의순

---

4) 支頤 : 턱을 고임.

용문사에 이르러[至龍門寺]

봄이 떠난 뒤에 산은 비었고
손이 온 때에 구름이 인다
가고 오기에 얽매이지 않나니
끝끝내 사람에게 알려지지 않는다

^{산 공 춘 거 후}   ^{운 기 객 래 시}   ^{불 간 거 래 자}   ^{종 불 위 인 지}
山空春去後　雲起客來時　不干去來者　終不爲人知

― 초의의순

정양이 나의 '청량사아집'의 운을 따라 시를 보냈기에 다시 답함[晶陽和余淸凉寺雅集韻見寄復和答之]

4.
영해에서 일찍부터 마음속이 너그러워
독한 연기 다 마셔도 이가 그대로 시렸다
물은 흘러 문을 돌고 산은 집을 마주하여
구름, 놀의 다섯 빛을 앉아서 바라본다

嶺海[1]早曾懷抱寬　瘴煙[2]飮盡齒猶寒[3]　流水繞門山對戶　雲霞五色[4]坐中看

— 초의의순

---

1) 嶺海 : 산과 바다. 또 중국의 湖南, 湖北의 두 省.
2) 瘴煙 : 장기를 품은 연기, 즉 독한 연기.
3) 齒猶寒 : 이빨이 오히려 참. 즉 세상을 비웃음.
4) 五色 : 靑, 黃, 赤, 白, 黑. 즉 구름과 놀이 갖가지 빛깔로 변화한다는 말.

영호당에게 답함[和¹⁾映湖²⁾堂]

만사가 시름인데 오래야 백년살이
더구나 여관 같아 잠깐 머물 뿐인 것을
전향 연기 깊은 곳에 세상 잊으려는데
파랑새 날아와서 문득 신선 만났네
국화 단풍 무르녹아 가을 빛이 늦었고
뜬 구름 흐르는 물에 저녁볕이 저물었네
지난 인연 이미 지나 이제 다시 이별인가
푸른 산을 바라보는 백발이 다 가여워라

萬事悠悠³⁾此百年　還如逆旅⁴⁾暫留連　篆香⁵⁾深處將
忘世　青鳥⁶⁾飛來忽見仙⁷⁾　酣菊爛楓秋色晚　浮雲流水夕

---

1) 和 : 답함.
2) 映湖 : 구한말 스님. 호는 映湖, 字는 澤永, 이름은 昇鎬.
3) 悠悠 : 근심하는 모양.
4) 逆旅 : 여관. 客舍.
5) 篆香 : 전자 모양으로 꼬불꼬불 올라가는 향로의 연기란 뜻.
6) 青鳥 : 파랑새. 또 使者. 편지. 東方朔이 파랑새가 온 것을 보고 西王母의 使者라고 한 故事에서 나온 말.
7) 仙 : 신선. 영호스님을 가리킴.

陽邊 曩緣8)已遽9)今重別 白髮層巒共對憐

— 경허성우

---

8) 曩緣 : 과거의 인연. 지난 인연.
9) 遽 : 빠름. 갑자기.

봉천대에서[遊奉天臺]

석문 찾을 일을 그만 잊어버리고
깊은 산의 사슴 떼와 함께 놀았다
아침에는 부자의 임금께 충성하는 예를 행하고
저녁에는 구담의 세상을 벗어나는 글을 깨치다
깊은 산에 봄이 돌아와 이상한 새가 많고
빈 모래섬에는 날이 따뜻해 돌아가는 구름이 적다
늙은 중은 밥을 지어 정성껏 대접하나니
희사의 남은 풍속을 자랑할 만하여라

嗒焉1)而忘訪釋門2) 深山遊鹿與之群 早行夫子3)忠君禮 晚悟瞿曇4)出世5)文 幽壑春生多恠鳥 虛汀日暖少歸雲 老僧炊飯慇懃6)待 喜捨7)餘風可尙云8)

---

1) 嗒焉 : 멍한 모양.
2) 釋門 : 佛門. 佛道. 절.
3) 夫子 : 孔子의 존칭.
4) 瞿曇 : 釋迦如來가 俗世에 있을 때의 姓. 즉 석가여래 또는 戀情.
5) 出世 : 속세를 벗어남. 俗界를 떠남.
6) 慇懃 : 간절함. 친절함. 또는 戀情.
7) 喜捨 : 기꺼이 재물을 버린다는 뜻으로 남에게 재물을 施與하거나 神佛

— 경허성우

의 일로 남에게 재물을 기부하는 일.
8) 云 : 語調를 맞추는 어조사.

오도송(悟道頌)

콧구멍이 없다는 사람의 말을 갑자기 듣고
삼천세계가 바로 내 집임을 별안간 깨쳤는데
유월의 연암산 밑의 길이여
들사람은 일이 없어 태평가를 부르네

忽聞人語無鼻孔[1]　頓覺三千[2]是我家　六月鷲岩山下
路　野人無事太平歌

— 경허성우

---

1) 鼻孔 : 콧구멍. 本文事. 즉 사람마다 갖추어 있는 근본 심성.
2) 三千 : 三千世界. 三千大天世界. 즉 전세계.

저자 약력

경허성우(鏡虛惺牛)

구한말 스님(1849~1912). 호는 경허(鏡虛). 처음 이름은 동욱(東旭). 속성은 송(宋). 여산 사람. 전주(全州)에서 나다. 9세에 광주(光州) 청계사(淸溪寺) 계허에게 중이 되고, 동학사(東鶴寺) 만화에게 경학을 배우다. 23세에 동학사에서 개강. 32세에 괴질이 치성한 마을을 지나다가 생사의 박두함을 깨닫고 학인대중을 흩어 보내고 문을 eke고 좌선하여 묘지(妙旨)를 크게 깨달았다. 32세에 홍주(洪州) 천장사(天藏寺)에서 용암(龍岩)의 법을 잇고 그 후 도처에서 선풍(禪風)을 크게 드날리며 해인사(海印寺), 범어사(梵魚寺), 마하연(摩訶衍), 석왕사(釋王寺) 등 여러 절을 돌아다녔다. 56세에 갑산(甲山), 강계(江界) 등지에서 장발유관(長髮儒冠)으로 바라문 노릇을 하면서 난주(蘭洲)라 이름하다가 갑산(甲山) 웅이방에서 죽다. 나이는 64세, 법랍은 56. 그 문하에 근세의 선사(禪師)로 이름이 높은 만공(滿空), 혜월(慧月), 한암(漢岩) 등 여러 제자를 두다.

경허성우의 시(詩)들은 그의 문집(文集)인 『경허집(鏡虛集)』

에서 가려 뽑은 것들이며, 작자(作者)와 시에 대한 이해를 돕기 위하여 그 문집의 서(序)로 쒸어진 만해(萬海) 한용운(韓龍雲)의 「경허집서(鏡虛集序)」도 함께 수록한다.

나옹혜근(懶翁惠勤)

고려 스님(1320~1376). 처음 이름은 원혜(元惠). 호는 나옹(懶翁). 당호는 강월헌(江月軒). 이름은 혜근(惠勤). 속성은 아(牙). 영해(寧海) 사람. 20세 때 이웃 동무가 죽는 것을 보고, 죽으면 어디로 가느냐고 어른들에게 물었으나 아는 이가 없으므로 비통한 생각을 품고 공덕산 묘적암에 가서 요연(了然)에게 중이 되다.

요연 : "여기 온 것은 무슨 물건이냐?"

혜근 : "말하고 듣는 것이 왔거니와 보려 하여도 볼 수 없고 찾으려 하여도 찾을 수 없나이다. 어떻게 닦아야 하겠나이까?"

요연 : "나도 너와 같아서 알 수 없으니, 다른 스님께 가서 물으라."

스님은 그곳을 떠나서 여러 곳으로 돌아다니다가 1344년 양주 회암사에서 4년 동안 좌선하여 깨달은 바가 있었다. 중국 원나라 북경(北京)에서 지공(指空)을 뵙고 계오(契悟)한 바 있었고, 2년 동안 공부하다 다시 남쪽으로 가서 평산처림(平山處林)에게서 법의(法衣)와 불자를 받다. 복룡산에서 천암(千巖)의 선실(禪室)에 들어갔고, 사방으로 다니면서 선지식을 찾은 뒤에 다시 북경으로 돌아와 지공의 법의와 불자를 전해받다. 칙명으로 대도(大都)의 광제선사에 있다가 1358년 귀국하여 가는 곳마다 법을 설하고, 1360년 오대산에 들어가다. 공민왕이 청하여 내전에서 법요를 듣고 신광사에 있게 하다. 1371년 왕사가 되고 '대조계 선교도총섭 근수본지 중흥조풍 복국우세보제존자(大曹溪禪敎都總攝勤修本智重興祖風福國祐世普濟尊者)'의 호를 받다. 뒤에 회암사를 크게 중건하여 문수회(文殊會)를 열어 낙성하다. 1376년(고려, 우왕 2년) 왕명을 받아 밀양의 영원사로 가다가 여주의 신륵사에서 죽다. 나이는 57. 법랍은 38. 시호는 선각(禪覺). 이색(李穡)이 글을 지어 세운 비와 부도가 회암사에 있다.

대각의천

고려 스님(1055~1101). 이름은 후(煦). 자는 의천(義天). 고

려 천태종의 중흥조(中興祖). 문종의 넷째 아들. 11세에 왕사(王師) 난원(爛圓)에게 중이 되어 영통사에 있었다. 15세에 우세(祐世)라 호하여 승통(僧統)이 되고, 1085년 미복(微服)으로 송나라에 가다. 철종제(哲宗帝)가 계성사에 있게 하고, 화엄법사 유성(有誠)을 불러 상종케 하다. 현수, 천태의 판교동이(判敎同異)와 양종의 유묘(幽妙)한 뜻을 문답. 또 상국사의 원조 종본(圓炤 宗本)과 흥국사 서천의 삼장(三藏) 천길상(天吉祥)에게 참학, 양걸(楊傑)과 함께 경사(京師)를 출발, 금산의 불인요원(佛印了元)을 찾고, 항주의 정원혜인(淨源慧因)에게 「화엄소초(華嚴疏抄)」의 의심되던 것을 물었다. 때에 선종(宣宗)이 스님의 환국을 청하매 자변(慈辯)에게 천태종의 경론을 듣고, 천태산 지자(智者)의 부도(浮圖)에 예배, 천태종을 본국에 중흥하려는 발원문을 고하다. 또 영지(靈芝)의 대지(大智)에게 계법(戒法)을 받고, 1086년 본국에 돌아와 석전(釋典)과 경서 1천 권을 바치다. 흥왕사에 있으면서 교장도감(敎藏都監)을 두고 요나라, 송나라, 일본에서 경전을 구입하고 고서(古書)를 수집하여 4,740여 권을 수집, 간행. 1094년 흥왕사에 있었고, 뒤에 해인사에 가더니, 다시 흥왕사에 있었고 또 국청사에서 천태교를 강(講)하다. 1098년 다섯째 왕자 증엄(證嚴)을 도(度)하여 제자를 삼다. 1101년(숙종 6년) 국사가 되고, 10월 5일에 죽다. 나이는 47, 법랍은 36, 시호는 대각국사. 비를 통도사에 세우고 또 남숭산 선봉사(仙鳳寺)에도 「해동천태시조대각국사비」를 세웠다.

165

대감탄연(大鑑坦然)

고려 스님(1070~1159). 호는 묵암(默庵), 속성은 손(孫), 이름은 탄연(坦然), 밀양 사람. 8세부터 글과 시와 글씨에 능하고, 15세에 명경생(明經生)이 되고, 숙종이 번저(藩邸)에 있을 적에, 그를 불러 세자(예종)를 모시게 하다. 19세에 궁중에서 몰래 나와 경북산(京北山) 안적사에서 중이 되고 광명사의 혜조국사(慧炤國師)에게 심요(心要)를 받다. 여러 곳으로 다니면서 선지식을 방문. 1105년에 대선(大選)에 급제. 예종이 즉의하매 1106년에 대사(大師), 1109년에 중대사(重大師), 1115년에 삼중대사(三重大師), 1121년에 선사(禪師)가 되다. 1129년(인종 7년), 보리연사(菩提淵寺)에서 법회를 개설, 그 후부터 그 산에 많던 뱀이 없어졌다 한다. 1132년에 대선사가 되니, 나라의 큰일은 왕이 반드시 글로 물었다. 「사위의송(四威儀頌)」과 「상당어구(上堂語句)」를 써서 중국 광리사의 개심(介諶)에게 보냈더니 회답하여 찬탄하고, 가사와 바루를 전하여 오다. 1146년에 왕사가 되어 보덕사에 있으니 왕이 찾아가 문안. 1148년에 진주 단속사에 돌아가려 하매 왕이 우가승록(右街僧錄) 등으로 따라가 모시게 하다. 필법이 묘하고 시격이 높았다. 고려 의종 13년에 죽다. 나이는 90. 국사로 추봉하고, 대감(大鑑)이라 시호하다. 1172년에 단속사에 비를 세우다. 특히 왕희지의 체를 잘 썼으며, 춘천 청평사 문수원 중수비, 예천군 북룡사비, 삼각산 승가굴중수비 등을 쓰다. 서거정(徐居正)이 "동국의 필법은 김생(金生)이 제일이요, 요극일(姚克一), 탄연, 영업(靈業)이 다음 간다"고 평하다.

무용수연(無用秀演)

조선 스님(1651~1719). 호는 무용(無用). 속성은 오(吳). 이름은 수연(秀演). 13세에 어버이를 잃고 조계에 갔다가 혜관(惠寬)에게 중이 되다. 22세에 침굉현변(枕肱懸辯)을 뵙고 그의 부촉을 받아 조계의 온적암에 갔더니, 백암(栢庵)이 한번 보고 기이하게 여겨, 경전을 가지고 문난함에 계합하지 않는 것이 없었다 함. 뒤에 용문사(龍門寺)에서 참선했으며, 1680년 금화동(金華洞) 신불암(新佛庵)을 비롯하여 여러 곳에서 강석(講席)을 열었으며, 1688년 백암의 법을 이어받다. 1700년 백암이 지리산 신흥사(神興寺)에서 죽자, 그의 강석을 이어받아 남선(南鮮) 교선(敎禪)의 대장(大匠)이 되었다. 이후 명찰(名刹)을 유력하다가 숙종 45년에 죽다. 나이는 69, 법랍은 51. 저서로는 『문집』 2권이 있다.

묵암최눌(默庵最訥)

　　조선 스님(1722~1795). 호는 묵암(默庵). 자는 이식(耳食). 흥양(興陽) 사람. 14세에 정광사에서 중이 되고 만리(萬里)에게 구족계를 받다. 19세에 조계(曹溪)의 풍악(楓岳)에게 경을 배우고 호암(虎庵), 회암(晦庵), 용담(龍潭), 상월(霜月)을 찾아 배우고 명진(明眞)에게서 선지(禪旨)를 얻다. 7~8년 동안 선교를 연구하고 통달하다.『화엄경』의 대의를 종합하여『화엄품목』1편을 만들고 4교(敎)의 행상(行相)을 모아『제경문답반착회요(諸經問答盤錯會要)』1편을 만들다. 이상 2편을 새긴 판이 승주군 송광사에 있다. 조선 정종 19년에 죽으니 나이는 74. 저서『내외잡저(內外雜著)』10권,『심성론(心性論)』3권,『문집(文集)』3권이 있다.

백곡처능(白谷處能)

　　조선 스님(1617~1680). 호는 백곡(白谷). 자는 신수(愼守). 속성은 김(金). 12세에 의현(義賢)에게 글을 배우다가 중이 되다. 신익성(申翊聖)에게 외전(外典)을 배워 글과 시에 능하였다. 지리산 쌍계사(雙溪寺)의 벽암(碧岩)에게 나아가 23년 동안 도를 강하다가 그 법을 전해 받다. 김좌명(金佐明)의 주청으로 남한도총섭(南漢都摠攝)이 되었으나 곧 사퇴. 속리산, 청룡사, 성주사, 계룡산 등에서 법석을 열고, 대둔산의 안심암(安心菴)에 오래 있었다. 조선 숙종 6년 봄, 금산사에서 대법회를 열고, 그해 칠월에 죽다. 나이는 74. 저서에 『백곡집』 2권이 있다.

백운경한(白雲景閑)

고려 말기 스님(1299~1375). 법호는 백운(白雲). 스님의 초기 행적에 대해서는 전하는 바가 없고, 1351년 원(元)나라 호주(湖州)에 가서 석옥청공(石屋淸珙)을 찾아 법을 묻고, 귀국하여 1353년 1월 단좌사념(端坐思念) 끝에 도를 깨치다. 그 다음해 법안선인(法眼禪人)이 석옥청공의 사세송(辭世頌)을 가지고 해주의 안국사(安國寺)로 찾아왔기에, 경한은 제자들을 불러 재를 올리면서 그를 추도하였다. 그때 가뭄이 심했는데 의외로 비가 왔다고 한다. 1357년(공민왕 6년) 왕의 입성(入城)하라는 부름이 있었으나 이를 사양하였다. 1360년 해주 신광사(海州神光寺)

에서 종풍을 드날리다가 이듬해 신광사를 떠나 정양암(政陽庵)에 머물렀고, 1369년에는 김포(金浦)의 망산(望山)에 은거하면서 「지공찬(指空讚)」을 지었고, 다음해에는 공부선(功夫選)의 시관으로 활약하였다. 1375년(우왕 원년) 사람들을 모아 놓고 최후를 말한 후, 「임종게(臨終偈)」를 남기고 천녕(川寧) 취암사(鷲岩寺)에서 죽다. 나이는 77. 저서 『백운록(白雲錄)』 2권.

보각일연(普覺一然)

고려 스님(1206~1289). 이름은 견명(見明). 자는 회연(晦然). 호는 무극(無極), 목암(睦庵). 뒤에 일연(一然)이라 개명. 속성은 김. 경주 장산군 사람. 어머니 꿈에 해가 방안에 들어와서 배에 비치는 것을 보고, 스님을 배었다 한다. 9세에 해양 무량사에 가서 글을 배우고, 14세에 진전대웅(陣田大雄)에게 중이 되고 구족계를 받다. 22세에 선불장에 나아가 상상과(上庠科)에 뽑히고 그후부터 생계불감불계부증(生界不減佛戒不增)의 화두를 참구. 하루는 활연대오(豁然大悟), "오늘에야 3계가 환몽(幻夢) 같고 대지(大地)가 무애(無礙)함을 보았노라"하다. 이 해에 삼중대사(三重大師)가 되고 41세에 선사를 거쳐 정림사에 주지하고,

54세에 대선사가 되고 56세에 선월사에 주지하면서 멀리 목우(牧牛) 화상의 법을 이었다. 59세에 오어사(吾魚寺)에 옮기어 개강(開講)하니 학인이 운집. 72세에 운문사에서 현풍(玄風)을 드날리고 78세에 국존(國尊)에 책봉되어 원경충조(圓經冲照)라 호하다. 늙은 어머니를 모시기 위하여 인각사로 옮겨 있으면서 두 번 구산문도회(九山門都會)를 열고, 충렬왕 15년에 병이 나매 대궐에 올리는 글을 쓰고, 선상에 앉아 문답수시(問答垂示)하여 언소(言笑)가 자약하더니, 손으로 금강인(金剛印)을 맺고 죽다. 나이는 82. 시호는 보각(普覺). 탑호는 정조(靜照). 저서는 『삼국유사』 5권, 『어록』 2권, 『계승잡저(界乘雜著)』 3권, 『중편조동오위(重編曹洞五位)』 2권, 『조도(祖圖)』 2권, 『대장수지록(大藏須知錄)』 3권, 『제승법수(諸僧法數)』 7권, 『조정사원(祖庭事苑)』 30권, 『선문염송사원(禪門拈頌事苑)』 30권 등. 행적비(行蹟碑)가 운문산 동강(東岡)에 있다.

부휴선수(浮休善修)

조선 스님(1543~1615). 호가 부휴(浮休), 속성은 김. 17세에 지리산 신명(信明)에게 중이 되고, 부용영관(芙蓉靈觀)의 법을 잇다. 글씨를 매우 잘 쓰며 임진왜란 때 덕유산 바위 굴에서 피난. 난리가 평정된 후 해인사에 있으면서 명나라 장군 이종성(李宗城)을 만나고, 구천동에서 「원각경(圓覺經)」을 읽다가 큰 구렁이를 제도하다. 1614년(광해군 6년) 송광사(松廣寺)를 거쳐 칠불암(七佛庵)에 갔다가 다음해에 죽다. 나이는 73. 저서로는 『부휴당집』 5권. 홍각등계(弘覺登階)라 추증(追贈).

사명유정(四溟惟政)

조선 스님(1544~1610). 자(字)는 이환(離幻). 호는 송운(宋雲) 또는 사명(四溟) 혹은 泗溟. 속성(俗姓)은 임(任)씨. 밀양(密陽) 출생. 13세에 『맹자(孟子)』를 읽다가 출세할 뜻을 품었고, 뒤에 황악산 직지사(黃嶽山 直指寺) 신묵(信默)에게 중이 되다. 18세에 선과(禪科)에 급제, 32세에 선종(禪宗)의 주지가 되었으나 굳이 사양하고 묘향산에서 청허(淸虛)의 정법을 받다. 금강산 보덕사(報德寺)에서 3년을 지내고, 또 청량산, 팔공산, 태백산으로 다녔다. 43세에 옥천산 상동암(沃川山 上東菴)에서 하룻밤 소낙비에 뜰의 꽃이 떨어지는 것을 보고 무상을 절실히 깨달아 문도(門徒)들을 보내고 오랫동안 참선. 46세에 오대산

영감난야(靈鑑蘭若)에 있다가 역옥(逆獄)에 그릇 걸렸으나 무죄 석방. 이듬해 금강산에서 3년을 지내다. 1592년 왜구(倭寇)가 침입하매 의병을 모집, 순안(順安)에 가서 청허의 휘하에서 활약, 청허가 늙어서 물러난 뒤 승군을 통솔, 명나라 장수와 협력하여 평양을 회복, 권율(權慄)을 따라 영남 의령에 주둔, 전공이 많았다. 1594년 명나라 총병 유정(劉綎)과 의논하여 왜장 가토 기요마사(加藤淸正)을 울산 진중으로 세 번 방문, 왜적의 뱃속을 송두리째 뽑아 보았다. 그때 청정이 "조선에 보배가 있는가?" 스님, "없다. 보배는 일본에 있다." 청정, "웬 말인가?" 스님, "지금 우리나라에서 당신의 머리를 보배로 생각하고 현상하였으니 보배가 일본에 있는 것이 아닌가?" 청정은 놀라며 찬탄했다. 선조께서 스님을 대궐로 불러보고 평생의 일을 묻고 "지금의 국세가 이러하니 대사가 만일 퇴속한다면 백리(百里)의 책임을 맡기고 삼군을 통솔하게 하리라." 스님은 사양하였다. 영남으로 돌아가서 용기(龍起), 팔공(八公), 금오(金烏) 등 산성을 쌓고 양곡과 무기를 저축한 후 인신(印信)과 전마(戰馬)를 도로 바치고, 산으로 물러가기를 청하였으나 조정에서 허락치 아니 하다. 1597년 명장 마귀(摩貴)를 따라 울산의 도산으로 갔고, 이듬해 또 유정을 따라 순천의 예교(曳橋)에 이르러 큰 공을 세웠다. 1604년 국서(國書)를 받들고 일본에 가서 도쿠가와 이에야스(德川家康)을 보고 "두 나라 백성들이 오랫동안의 전란에 시달렸으매 내가 그 고난을 구제하러 왔노라" 하였다. 이에야스도 신심을 내어 부처님같이 대우하여 강화를 맺고, 포로되어 갔던 사람 3,500명을 찾아 데리고 이듬해 돌아오다. 선조는 가상히 여겨 가의대부(嘉義大夫)를 시키고 어마(御馬)와 저사표리(紵絲表裏)를 하사했는데, 그때는 청허가 입적한 이듬해다. 스님이 묘향산에 가서 상례를 치르고 1607년 치악산으로 갔다가 선조의 부고를 듣고 서울에 와서 배곡(拜哭), 후에 병이 나서 해인사로 갔다가 광해군 2년 8월 26일 죽다. 나이는 67. 법랍은 55. 시호는 자통홍제존자(慈通弘濟尊者). 해인사에 홍제존자비가 있다. 저서로는 『분충서난록(奮忠紓難錄)』 『사명집』 등.

사복(蛇福)

신라 스님. 사동(蛇童) 혹은 사복(蛇卜)이라고도 함. 신라 서울(慶州)의 만선북리(萬善北里)에 한 과부가 있어 남편 없이 아들을 낳았다. 아이는 12세가 되도록 말도 못하고 일어나지도 못하여 이름을 사복이라 하였다. 하루는 그 어머니가 죽으매 그는 고선사(高仙寺)의 원효에게 가서 "스님과 내가 옛날에 경(經)을 싣고 다니던 암소(그 어머니)가 죽었으니 우리 함께 장사 지내지 아니 하려는가" 하였다. 원효는 허락하고 사복의 집에 가서 포살수계(布薩授戒)하기를 "나지 말라, 죽는 것이 고통이니라, 죽지 말라. 나는 것이 고통이니라" 하니 사복이 "말이 너무 번거롭다" 하고 고쳐서 "생사가 모두 고통이니라" 하였다. 둘이서 상여를 메고 활리산(活里山) 동쪽 기슭에 이르러 원효가 "지혜의 호랑이를 지혜의 숲에 장사 지냄이 좋지 아니한가" 하였다. 사복은 다음 게송을 지었다. 즉 "옛날에 석가모니 부처님은 사라수 아래서 열반에 들으셨네. 지금도 그와 같은 이 있어 연화장 세계에 드시려 하네" 하고 풀뿌리를 뽑으니 그 밑에 명랑한 세계에 칠보로 장엄한 누각이 있어 인간세계가 아니었다. 사복이 송장을 업고 그 속으로 들어가니 땅이 도로 오무라졌다.

소요태능(逍遙太能)

조선 스님(1562~1649). 호는 소요(逍遙), 속성은 오(吳). 담양(潭陽) 사람. 소요문파(逍遙門派)의 개조(開祖). 15세에 백양사(白羊寺)에서 중이 되다. 부휴(浮休)에게 장경을 배우고, 서산대사에게 나아가 선지(禪旨)를 깨닫다. 임진왜란이 일어나자 승군(僧軍)에 가담한 후 지리산 연곡사(燕谷寺)에서 후학을 가르쳤다. 병자호란 때 인조가 남한산성으로 난을 피해 가자, 서성

(西城)을 수축, 공을 세웠다. 조선 인조 27년에 죽다. 나이는 88. 법납은 73. 연대사에 비가 있고, 보개산 심원사(深源寺), 지리산 연곡사, 두류산 대둔사(大芚寺)에 부도가 있다. 저서는 『소요집(逍遙集)』.

원감충지(圓鑑冲止)

고려 스님(1226~1292). 처음 이름은 법환(法桓), 호는 밀암(密庵), 이름은 충지(冲止), 원개(元凱), 속성은 위(魏). 정안(定安) 사람. 9세에 글을 배워 글을 잘 지었고, 19세에 문과(文科)에 장원, 한림(翰林)이 되고 일본에 사신으로 가다. 마침내 선원사의 원오(圓悟) 국사에게 중이 되고 구족계를 받다. 41세에 김해현의 감로사에 있다가 원오(圓悟) 국사가 입적하매 그 뒤를 이어 조계 제6세가 되다. 원나라 세조가 대도(北京)로 청하여 빈주(賓主)의 예를 맞고, 금란 가사와 백불(白拂)을 선사. 충렬왕 18년에 죽다. 나이는 67. 시호는 원감국사(圓鑑國師). 탑호는 보명(寶明). 저서로는 『원감국사 가송(歌頌)』 1권. 시와 글이 『동문선(東文選)』에 많이 실려 있다.

원광법사(圓光法師)

신라 스님(?~630). 속성은 박(朴). 진한 사람. 25세에 진(陳)나라 금릉(金陵)에 가서 장안사(長安寺) 승민(僧旻)의 강석(講席)에 참여하다. 출가한 뒤에는 여러 곳으로 다니면서 경, 율, 논을 연구하고, 특히 「성실론(成實論)」「열반경(涅槃經)」에 통달하다. 589년에는 장안으로 가서 「섭론종(攝論宗)」이 처음 일어나므로 그것을 연구하다. 오나라 허구산(虛丘山)에서 「구사론(俱舍論)」을 배우고 「반야경」을 강의하니 명망이 크게 떨치다. 600년(신라 진평왕 22년)에 본국에 돌아와 교화를 널리 펴고 608년에는 왕명을 받들어 걸사표(乞師表)를 지으니, 수(隋) 왕이 30만 명을 보내어 고구려를 치게 하였으니 문학에도 능했음을 알 수 있다. 그때 귀산(貴山), 추항(箒項)이 평생토록 지닐 계(戒)를 청하니, 이른바 세속오계(世俗五戒)를 가르치다(즉, 1. 충성으로 임금을 섬겨라. 2. 효도로 어버이를 섬겨라. 3. 믿음으로 벗을 사귀어라. 4. 전장에서 물러나지 말라. 5. 함부로 살생하지 말라). 이것이 곧 신라 화랑도의 근본 사상이다. 진평왕 32년 황룡사에서 죽다. 나이는 99(혹은 84)세.

원효대사(元曉大師)

신라 스님(617~686). 그때 이름은 서당(誓幢), 속성은 설(薛). 압량군(장산 혹은 尙州, 湘州) 남불지촌의 북쪽인 율곡(栗谷) 살수 아래서 나다. 출가(29세에 황룡사에서 출가하였다고도 한다)하여 그 집으로 절을 만들다. 여러 곳으로 다니면서 교리를 연구하다. 글을 잘하고 변론도 놀라웠다. 하루는 서울 거리로 다니면서 "누가 자루 없는 도끼를 빌려주려는가. 나는 하늘을 받칠 기둥을 만들련다" 하고 크게 외쳤다. 무열왕(武烈王)은 이 말을 듣고 "이는 귀부인을 얻어 훌륭한 아들을 낳겠다는 것이니, 나라에 큰 성현이 있으면 그보다 더 큰 복이 없으리라" 하고 사신을 보내어 원효를 맞아 과부 공주 요석궁에 들게 하였다. 사신은 스님을 문천(蚊川) 다리에서 만나 일부러 물에 떠밀어 옷을 적시게 하여, 스님을 궁으로 모시어 옷을 말리느라 유숙하게 하였다. 뒤에 공주는 아들을 낳으니 그가 곧 설총(薛聰)이다. 그 뒤로 스님은 파계하였다 하여 속복으로 바꾸어 입고 소성거사(小姓居士, 혹은 卜姓)라 자칭하였다. 우연히 광대들이 놀리는 큰 박을 보고 도구를 만들어 '무애(無碍)'라 이름하고 촌락으로 돌아다니면서 춤추고 노래하였다. 일찍이 분황사에 있으면서 『금강삼매경소』 5권을 지었다가 도적에게 빼앗기고 다시 『약소』 3권을 지어 그것으로 강설하다. 이 『약소』는 중국에 유행되어『금강삼매경론』이라 한다. 신문왕 6년 3월 30일 혈사(穴寺)에서 죽으니 나이는 70.『지월록(指月錄)』에는 스님은 법을 구하러 당나라로 가던 도중 어느날 밤 묘지에서 자게 되었는데, 목이 말라 물을 찾다가 어떤 구멍에서 물을 얻어 마셨더니 시원하기 비길 데 없었다. 아침에 깨어 보니 그것은 해골박의 물이었다. 그래서 그만 메스꺼워 구토질을 하면서 크게 깨달은 바가 있었다. 즉 "마음이 생기면 여러 가지 법이 생기고 마음이 없어지면 법도 따라 없어진다" 하더니 마음이 없으면 해골도 없는 것이로구나. 부처님 말씀에 "삼계(三界)가 마음뿐이라 하셨으니 부처님이 어찌 나를 속였으랴" 하고 본국으로 돌아오고 말았다 한다. 고려 숙종 6년에 '大聖和諍國師'라 시호하다. 그 저서는 경에 관한 것이 34종, 대소승률론(大小乘律論)에 관한 것이 11종, 논(論)에 관한 것이 32종, 기타 여러 교리에 관한 것이 14종 등 모두 91부가 있다. 그러나 현재는 거의 산실되어 없고, 경에 관한 것 9종, 율에 관한 것 2종, 논에 관한 것 4종, 기타 5종 등이 전한다.

월저도안(月渚道安)

조선 스님(1638~1715). 호는 월저(月渚). 속성은 유(劉). 평양 사람. 10세에 천신(天信)에게서 중이 되다. 풍담(楓潭)에게 가서 서산(西山)의 밀전(密傳)을 받다. 1664년 묘향산에 들어가서 『화엄경』의 대의를 강구(講究)하여 화엄의 종주(宗主)로 지칭받다. 종풍을 드날릴 적에는 청중이 많아 그 당시에 처음 보는 일이라 했다. 언기(彦機), 의심 두 승이 계획했다가 이루지 못한 『화엄경』의 언해(諺解)를 완수하고 대승경전을 간행하여 도속(道俗)에게 펴다. 숙종 23년(1697)에 옥사(獄事)에 무고를 당했으나 왕명으로 특사. 78세에 죽다. 저서에 『월저당집(月渚堂集)』이 있다.

자장율사(慈藏律師)

신라의 큰 스님. 속성은 김. 속명은 선종(善宗). 신라 진골인 소판무림의 아들. 부모를 여의고는 세속을 싫어하여 처자를 버리고 땅을 내놓아 원녕사를 만들고 고골관(枯骨觀)을 닦다. 선덕여왕이 정승을 삼으려고 불렀으나 가지 않고 "하루 동안 계(戒)를 지니다 죽을지언정 계를 파하고 백년 살기를 원치 않는다" 하다. 636년(선덕여왕 5년)에 제자 10여 명을 데리고 당나라 청량산으로 들어가 문수보살 앞에 기도하고 '가사'와 '사리'를 받다. 643년에 장경과 당번, 화개 등을 가지고 돌아와 분황사에 있으면서 왕궁에서 대승경론을 강하며, 황룡사에서 보살계본을 설하니, 나라에서 대국통(大國統)을 삼아 승려들의 모든 규법을 맡게 하다. 통도사를 창건하고 계단(戒壇)을 세워 '가사'와 '사리'를 모시고 4부 대중을 교화하고 또 여러 곳에 절과 탑을 세우다. 그 뒤에 강릉군(江陵郡)에 수다사를 창건하고 거기 있으면서 『제경계소(諸經戒疏)』 10여 권과 『출관행법(出觀行法)』 1권을 짓다. 태백산 석남원(지금의 정암사)을 창건하고 거기 있다가 죽다. 남산율종(南山律宗)의 우리나라 개조(開祖)가 되다. 저서로는 『출관행법』 『사분율갈마사기』 『아미타경소』 등이 있다.

정관일선(靜觀一禪)

조선 스님(1533~1608). 호는 정관(靜觀). 속성은 곽(郭). 연

·산 사람. 서산(西山)에게 심법(心法)을 전해 받고, 선조 41년 덕유산에서 죽다. 나이는 76. 법랍은 61. 저서로는 『정관집(靜觀集)』이 있다.

제월경헌(霽月敬軒)

조선 스님(1542~1632). 호는 제월(霽月). 허한거사(虛閑居士)라 자호(自號). 속성은 조(曹). 장흥 사람. 15세에 현관사 옥주(玉珠)에게 중이 되다. 사기(史記)와 제자서(諸子書)를 많이 읽어 고금의 사리를 통달하였으나, 이는 "세간 법이지 출세간 법은 아니라" 하고, 원철(圓哲), 현운(玄雲)에게 경전을 공부하여 3장(藏)을 잘 알다. 1570년(선조 3년) 서산(西山)에게서 선(禪)의 심법(心法)을 깨닫다. 임진란 때에 승의병에 응모, 좌영장(左營將)이 되었다가 얼마 아니 하여 사면. 왕이 '선교 양종 판사'를 시켰으나 사양, 산중으로 물러가니 학자가 모여들었다. 풍악(楓岳), 오대(五臺), 치악(雉岳), 보개(寶蓋) 등지로 돌아다니다가 금강산 선은동(仙隱洞)에서 7년 동안 머물다. 1632년(인조 10년) 치악산으로부터 보개산으로 오면서, "여기가 인연 있는 땅"이라 하더니 얼마 아니 하여 죽다. 나이는 91. 법랍은 76. 저서로는 『제월집』.

중관해안(中觀海眼)

조선 스님. 호는 중관(中觀). 속성은 오(吳). 무안(務安) 사람. 어려서 총명하여 신동(神童)이라 일컫다. 중이 되어 서산(西山)의 법석에 참여하여 묘리를 깨달아 임제종의 정맥(正脈)을 전하다. 임진왜란 때에는 승의병(僧義兵)을 일으켜 왜적을 막기에 힘을 다하였다. 저서로는 『중관집(中觀集)』이 있다.

진각혜심(眞覺慧諶)

고려 스님(1178~1234). 호는 무의자(無衣子), 자는 영을(永乙), 속성은 최(崔), 이름은 혜심(慧諶). 나주(羅州) 화순현(和順縣) 사람. 1201년(고려 신종 4년) 진사에 급제하고 태학에 들어갔으나 어머니의 병으로 고향에 돌아가 시탕(侍湯)하다가 관불삼매(觀佛三昧)에 들어 어머니의 병이 나았다. 이듬해 어머니가 죽으매 조계의 보조국사에게 중이 되다. 오산에서는 큰 바위에 앉아서 밤낮으로 선정을 닦으면서 5경(五更)이면 게송을 읊으니, 그 소리가 십 리에 들렸으며, 지리산의 금대암에서는 대 위에서 좌선할 적에 눈이 내려 이마까지 묻히도록 움직이지 않으므로 아무리 흔들어도 대답하지 않더니 마침내 깊은 뜻을 깨닫다. 1208년, 보조국사가 법석(法席)을 전해 주려 하였으나 굳이 사양하고 지리산에 들어가 수년 동안 자취를 끊다. 1210년, 보조국사가 죽으매, 칙명으로 법석을 이어받고 개당(開堂)하다. 학인들이 사방에서 구름같이 모여들어 선사(禪社)가 좁으므로 왕이 명하여 크게 짓고, 법요를 물으매 「심요(心要)」를 지어 올리다. 고종이 즉위하매 선사(禪師)가 되고 또 대선사(大禪師)가 되니, 선석(選席)에 뽑히지 않고 승질(僧秩)에 오른 이는 스님이 처음. 1219년 단속사에 있었고 1234년(고종 21년) 병으로 인하여 월등사로 옮겼다가 죽었다. 나이는 57, 법랍은 32. 시호는 진각국사(眞覺國師). 탑호는 원소(圓炤). 현재 승주군 송광사에 비가 있다. 저서로는 『선문강요(禪門綱要)』, 『선문염송(禪門拈頌)』 등.

천경해원(天鏡海源)

조선 스님(1691~1770). 이름은 해원(海源). 호는 함월(涵月). 자는 천경(天鏡). 속성은 이(李). 함흥(咸興) 사람. 14세에 도창사에서 중이 되다. 선지식을 두루 찾아다녔고, 뒤에 환성(喚醒)을 섬겨 종문(宗門)의 묘한 뜻을 얻다. 영조 46년에 죽으니 나이는 80. 법랍은 65. 그 탑과 비가 석왕사 동쪽에 있다. 저서『천경집』2권이 있다.

천봉만우(千峰卍雨)

고려 스님(1357~?). 호는 천봉(千峰). 이름은 만우(卍雨). 구곡(龜谷)의 제자. 내외 경전을 연구하고 시와 글씨에도 능숙. 사방의 학자가 운집. 집현전 학사들도 찾아오고 하여 유석사림(儒釋士林)의 사표가 되다. 90세가 넘도록 용모가 맑고 기질이 강건, 음식을 먹는 데도 자제하였다고 한다.『동문선(東文選)』에 이색(李穡)의「천봉설(千峰說)」이 있다.

청허휴정(淸虛休靜)

조선 스님(1520~1604). 호는 청허(淸虛), 자는 현응(玄應). 속성은 최(崔). 안주(安州) 사람. 묘향산에 오래 있었으므로 서산대사(西山大師)라 한다. 9세에 어머니를, 10세에 아버지를 여의고 안주 목사(牧使)를 따라 서울에 가서 성균관에서 공부하다가 같이 배우던 벗 몇 사람과 함께 지리산에 들어가 경전을 뒤적이다가 선가(禪家)의 돈오법(頓悟法)을 얻고, 숭인(崇仁)에게 중이 된다. 21세에 영관(靈觀)에게 인가(印可)를 받고, 마을을 지나다가 낮에 닭 우는 소리를 듣고 크게 깨달은 바 있어 "털은 희었으나 마음은 안 세는 것, 옛날 사람들이 이미 말하였네. 오늘날 닭 우는 소리를 들으니, 장부의 할 일이 끝났는가 싶네(髮白心非白, 古人曾漏洩 今聞一聲鷄 丈夫能事畢)"라고 하다. 30세에 선과(禪科)에 급제하여 대선(大選)으로부터 양종판사(兩宗判事)가 되다. 금강산에 들어가 「삼몽사(三夢詞)」를 지으니 "주인의 꿈이야기 손에게 말하고, 손의 꿈이야기 주인에게 말하네. 지금 꿈이야기 하는 그 두 사람도 역시 꿈속의 사람인 줄 누가 아느냐?(主人夢說客 客夢說主人 今說二夢客 亦是夢中人)." 또 향로봉시(香爐峰詩)에 "만국의 도성들은 개미둑이요, 고금의 호걸들도 초파리라. 창에 비친 밝은 달, 손의 베개에 끝없는 솔바람이 그대로 풍류(萬國都城如蛭蟻 千家豪傑等醯鷄 一窓明月淸

虛枕 無限松風韻不齊)"라 하다. 정여립(鄭汝立)의 옥사(獄事)에 무업(無業)이란 중이 이 시를 가지고 무고하여 체포되었으나, 선조가 그 억울함을 알고 석방하다. 임진왜란이 일어나 선조가 의주로 옮겼을 때에 나아가 뵈오니, "나라의 난리가 이러하니 그대가 능히 구제하려느뇨." 휴정, "나라 안 승려로서 늙고 약한 이는 절을 지키며 아침 저녁으로 부처님께 기원하고, 젊은 장정들은 신(臣)이 통솔하여 적을 물리치겠나이다." 팔도 십육종 도총섭(八道十六宗都摠攝)으로 임명되어 제자들로 하여금 각지에서 의승병(義僧兵) 5천 명을 모집케 하여 국군을 도와 공을 이루고 임금을 모셔 서울에 돌아와서는 늙음을 핑계로 제자 유정(惟政)과 처영(處英)에게 군중의 일을 맡기고 산으로 돌아가니, 임금이 '국일도대선사 선교도총섭 부종수교보제등계존자 (國一都大禪師禪教都摠攝扶宗樹教普濟登階尊者)'라 호하다. 금강산, 두류산(頭流山), 묘향산 등지로 왕래하다. 제자 1천여 명, 세상에 알려져 이름난 제자만 70여 명이 되다. 조선 선조 37년 1월 묘향산 원적암(圓寂菴)에서 설법하고, 자기의 영(影)에 "팔십년전거시아 팔십년후아시거(八十年前渠是我 八十年後我是渠)"라 쓰고 죽다. 나이는 85. 법랍은 67. 저서는 『선교석(禪教釋)』 『선교결(禪教訣)』 『운수단(雲水壇)』 『삼가귀감(三家龜鑑)』 『청허당집(清虛堂集)』 8권 『선가귀감(禪家龜鑑)』 『심법요(心法要)』 『설선의문(說禪儀文)』 『제산단의문(諸山壇儀文)』 등. 묘향산의 석가세존의 금골사리 부도 비의 글을 짓고 쓰다.

초의의순(艸衣意恂)

조선 스님(1786~1866). 자는 중부(仲孚), 호는 초의(艸衣), 속성은 장(張), 나주 삼향 사람. 15세에 남평 운흥사 벽봉민성(碧峰敏性)에게 중이 되고, 19세에 월출산에 올랐다가 마음이 트이어 완호(玩虎)의 법을 잇다. 금강산의 비로봉과 서울의 여러 산을 구경하고 경향 각지의 명사들과 사귀매 명성이 떨쳤다. 뒤에 두륜산에 일지암(一枝庵)을 짓고 지관(止觀)을 닦기 40년, 봉은사의 『화엄경』 조각에 증사(證師)가 되고 달마산의 무량회(無量會)에서는 선석(禪席)을 주관하고 일지암에서 죽다. 나이는 81세. 저서에 『초의집』 2권, 『동다송(東茶頌)』 『일지암유고』 『선문사변만어(禪門四辨漫語)』 『이선내의(二禪來義)』 등이 있다.

취미수초(趣味守初)

조선 스님(1590~1668). 호는 취미(翠微). 자는 태혼(太昏). 속성은 성(成). 서울 출생. 사육신 성삼문(成三門)의 후손. 어려서 제월경헌(霽月敬軒)에게 중이 되다. 두류산에 가서 부휴(浮休)를 뵈오니 부휴가 벽암(碧巖)에게 말하기를 "다음 날에 우리 도를 크게 할 '사미'이니 잘 보호하라" 하여 그의 문하에 들었다가 다시 여러 명승(名僧)들을 역방(歷訪), 서울로 돌아와 이름난 유학자들과 사귀다가 벽암의 법을 이어받다. 훈계(訓戒)의 개당(開堂)에 참석하다. 1629년(인조 7년) 옥천 영추사에서 개당, 후학의 교도에 힘쓰다. 1632년 초청을 받아 오도사(悟道寺), 설봉사(雪峰寺)에 가서 교도하다. 영외(嶺外)의 선학(禪學)이 스님에게서 비롯. 경전(經典)에도 통달하여 당시의 유학자 김육(金堉), 이식(李植), 이안눌(李安訥) 등에게 높이 평가되다. 조선조 현종 9년에 죽다. 나이는 79. 중주(仲州)의 오봉사(五峰寺), 학성(鶴城)의 설봉사, 승평(昇平)의 조계사(曹溪寺), 세 곳에 탑이 있다. 저서로는 『취미시집(翠微詩集)』이 있다.

태고보우(太古普愚)

고려 말기 스님(1301~1382). 호는 태고(太古). 일명 보허(普虛). 속성은 홍. 이름은 보우(普愚). 홍주 사람. 13세에 양주 회암사에서 광지에게 중이 되고, 가지산 하총림(下叢林)에서 도를 닦다. 26세에 화엄선(華嚴選)에 합격. 용문산 상원암(上院庵), 성서(城西)의 감로사(甘露寺)에서 고행 정진. 1337년(충숙왕 복위 6년) 송도 전단원(栴檀園)에서 참선하다가 다음해 정월에 크게 깨닫다. 삼각산 중흥사 동쪽에 태고암을 짓고 있으면서 태고라 호(號)하고 「태고암가」를 지었다. 1346년(충목왕 2년) 중국에 가서 호주 하무산 석옥청공(石屋淸珙)의 법을 잇고 동국(東國) 임제종(臨濟宗)의 초조(初祖)가 되다. 다음해 본국에 돌아와 용문산 소설암에 있었다. 공민왕이 사신을 보내어 법을 묻고 왕사(王師)를 삼아 광명사에 원융부(圓融府)를 두고, 9산(九山)을 통합하여 1종(宗)을 만들게 하였으나 뒤에 사퇴하고 소설암으로 옮기다. 신돈(辛旽)의 투기로 속리산에 금고(禁錮). 신돈이 죽은 뒤에 국사가 되었다가 우왕 8년 12월 24일 소설암에서 죽다. 나이는 82. 법랍은 69. 시호는 원증(圓證). 탑호는 보월승공(寶月昇空). 탑비가 삼각산 태고사 터에 있다.

편양언기(鞭羊彦機)

조선 스님(1581~1644). 이름은 언기(彦機). 편양(鞭羊)은 그의 호. 속성은 장(張). 죽산(竹山) 사람. 어려서 현빈에게 구족계

(具足戒)를 받고, 자라서 서산(西山)에게 심법을 받다. 남방으로 다니면서 여러 선사에게 참학하다. 금강산, 묘향산에서 개당 설법. 선(禪)과 교(敎)를 널리 연설. 휴정(休靜)의 법맥(法脈) 사대파(四大派)의 한 사람으로 많은 제자를 길러 편양파(鞭羊派)의 개조(開祖)가 되었다. 그림에도 능했다. 인조 22년 묘향산 내원에서 죽다. 나이는 64. 백화암(白華庵)에 그 비가 있다. 저서는 『편양당집』.

함허기화(涵虛己和)

조선 스님(1376~1433). 법호는 득통(得通). 당호는 함허(涵虛). 옛 이름은 수이(守伊). 옛 호는 무준(無準). 속성은 유(劉). 충주 사람. 21세에 관악산 의상암에서 중이 되다. 이듬해 회암사에 가서 무학왕사를 뵈옵고 법요(法要)를 들은 뒤, 여러 곳으로 다니다가 다시 회암사에 가서 한방에 혼자 있으면서 크게 깨닫다. 그 뒤부터 공덕산 대승사, 천마산 관음굴, 불희사에 있으면서 학인을 교도. 자모산 연봉사에서 작은 방을 차지하여 함허당(涵虛堂)이라 이름하고 3년을 부지런히 닦다. 1420년(조선 세종 2년) 오대산에 가서 여러 성인에게 공양, 영감암에서 이상한 꿈을 꾸고, 월정사에 있을 때 세종임금이 청하여 대자어찰(大慈御刹)에 4년 동안 머물다. 1431년(세종 13년) 희양산 봉암사를 중수, 세종 15년 봉암사에서 죽다. 나이는 58. 법랍은 38. 저서는 『원각소(圓覺疏)』3권, 『반야경오가해설의(般若經五家解說誼)』2권, 『현정론(顯正論)』1권, 『반야참문(般若懺文)』2질, 『윤관(綸貫)』1권 등. 비(碑)는 봉암사에 있고 부도는 가평군 현등사에 있다.

허백명조(虛白明照)

조선 스님(1593~1661). 호는 허백(虛白). 명조는 그 법호. 이름은 희국(希國). 속성은 이(李). 홍주(洪州) 사람. 13세에 출가해 양육사(養育師)인 묘향산의 보영(普英)을 따르다가 사명(四溟)에게서 중이 되다. 사명이 서울에 간 뒤에 현빈인영(玄賓印暎)에게서 양종(兩宗)을 연구하고, 완허에게 교법을 듣고 송월에게 배우다. 두류산(頭流山)의 무염(無染)에게 의심을 묻고, 묘향산에 있다가 1626년(인조 4년)에 '팔도의승대장(八道義僧大將)'의 호를 받다. 승군 4천을 거느리고 안주(安州)를 수비하다.

1636년(인조 14년), 병자호란 때에도 의병장(義兵將)으로 활약하다. 그 뒤 금강산, 지리산, 구월산 등지로 돌아다니다 묘향산에 불영대(佛影坮)를 짓고 거기서 죽다. 나이는 69. 법랍은 57. 저서에 『허백당집(虛白堂集)』이 있다.

허응보우(虛應普雨)

조선 스님(?~1565). 호는 허응(虛應), 또는 나암(懶庵). 강원도 백담사 스님. 명종의 모후 문정왕후(文定王后)가 섭정할 때에 강원감사의 천거로 광주 봉은사(奉恩寺)에 있으면서 봉은사를 선종(禪宗), 봉선사(奉先寺)를 교종(敎宗)의 수사찰(首寺刹)로 정하여 승과(僧科)를 회복하고, 승려에게 도첩(度牒)을 주고 불교를 부흥하더니, 문정왕후가 죽은 뒤 유신(儒臣)들의 참소로 1565년(명종 20년) 제주에 귀양, 목사 변협(邊協)에게 피살됨. 저서로는 『허응집』 『선게잡저(禪揭雜著)』 등. 이 『잡저』에 송운(宋雲)이 발(跋)을 지었는데, "대사가 동방의 작은 나라에 나서, 백세(百世)에 전하지 못하던 법을 얻었는지라 지금의 학자들이 대사로 말미암아 나아갈 곳을 얻었고, 불도가 마침내 끊어지지 아니 하였으니, 대사가 아니었다면 영산(靈山)의 풍류(風流)와

소림(少林)의 곡조(曲調)가 없어질 뻔하였다"고 했다. 이것으로써 스님의 위인을 짐작할 수 있다.

혜초대사(慧超大師)

　신라 스님으로 '惠超'라고도 한다. 20세쯤 당나라에 가서 금강지삼장(金剛智三藏)을 섬기다. 남해로부터 바다로 하여 인도에 이르러 부처님의 유적지를 찾아 참배할 때 동, 중, 남, 서, 북의 오천축(五天竺)을 두루 돌아다니다가 마지막에 총령(葱嶺)을 넘어 10년 만인 727년(唐 개원 15년) 11월에 안서(安西)로 돌아와 다시 장안으로 가다. 이 10년 동안의 여행에서 보고 들은 것을 기록하여 『왕오천축국전(往五天竺國傳)』3권을 지었으나 전하지 않고 이름만 알려져 있었는데 1910년 프랑스의 동양학자인 펠리오가 감숙성(甘肅省) 돈황의 천불동 석굴에서 앞뒤가 떨어진 책 한 권을 발견하여 그 대강을 알게 되었다. 이 책은 원본의 3권을 1권으로 줄인 것이다. 법현(法顯)의 『불국기(佛國記)』는 육지로 갔다가 바다로 돌아온 것, 의정(義淨)의 『남해기귀전(南海奇歸傳)』은 바다로 갔다가 바다로 돌아온 것임에 대하여 이것은 바다로 갔다가 육지로 돌아온 것이 그 특색이다.

그는 당나라에 돌아와서는 54년 동안 오대산에 있었고 금강지삼장(金剛智三藏)과 불공삼장(不空三藏)의 역장(譯場)에서 필수(筆受)를 많이 맡아서 보았다. 끝내는 고국에 돌아오지 않았다.

환성지안(喚醒志安)

조선 스님(1664~1729). 호는 환성(喚醒). 속성은 정(鄭). 춘주(春州) 사람. 15세에 미지산 용문사(龍文寺)에서 중이 되다. 상봉정원(霜峰淨源)에게 구족계를 받고 17세에 월담설제(月潭雪霽)의 법을 잇다. 27세에 직지사(直指寺)의 모운(慕雲)을 찾아 설법을 듣고, 모운의 뒤를 이어 종풍을 드날렸다. 그 설법이 너무 깊고 묘하여 의심하는 사람도 없지 않았으나, 그 뒤에 유명한 외국 서적에 의해 그것이 정설(正說)임이 증명되었으므로 모두 탄복하였다. 지리산에서 화재를 면한 것이나 금강산에서 수재(水災)를 면한 사실 등 여러 이적(異跡)이 있었다. 1725년 금강산의 그의 법회에 1천 4백 인의 학인이 모임으로 인해 어떤 사람이 무고하여 지리산에서 체포되어 호남의 감옥에 갇히고 마침내는 제주도로 귀양 가서 7일 만에 죽다. 나이는 66이요 법랍은 50이었다. 저서에 『선문오종강요(禪門五宗綱要)』가 있다.

한국선시의 새벽

최동호

1. 선과 한국선시의 전개

불교의 선(禪)은 범어 선나(禪那)의 준말로서 진정한 이치를 사유하고 생각을 고요히 하여 산란치 않게 하는 정신적 수련 방법이다. 범박하게 말하여 불교적 명상을 뜻한다고 할 수 있다. 선시란 이 불교적 명상의 방법인 선으로부터 유래한 게송 형식을 근간으로 형성된 것이다. 최근 불교적 명상 수행이 널리 유행하면서 선시 또한 크게 일반화되는 경향이 있다.

한국선시는 인도에서 발생한 불교가 중국을 거쳐 한국에 유입된 후 신라의 원효와 의상에 의해 일차적으로 집대성되었으며 도의국사가 남종선을 전파하기 시작한 이후 확립된 한국불교의 독자적인 수행 과정에서 산출된 고승선사들의 게송을 비롯한 여러 시가들을 두루 지칭하는 용어이다. 한국불교는 원효에서 시작된 대승불교를 시발로 하여 고려시대 보조지눌에 의해 확립된 '선교불이'의 사상을 축으로 전개되어 왔으며 진각혜심에 의해 13세기 초에 편찬된 『선문염송』은 당대로서는 타국의 추종을 불허하는 역대 고승석덕의 염(拈)·논(論)·어(語)를 집대성한 것으로 한국선시 전개에서 중요한 길잡이가 되었으며 16세기에 청허휴정이 편한 『선가귀감』 또한 선문의 길을 열어 놓았다. 20세기에 들어 한국의 역대 고승석덕의 선시를 최초로 종합한 것이 김달진 편 『한국선시』(1985), 『한국현대선시』(1987) 등이다.

한국선시의 출발은 7세기 원효로부터 시작하여 20세기 경허 성우에 이르는 1300여 년의 역사 속에서 축적된 것으로서 화두를 참구하여 '깨달음'에 이르는 것을 선수행의 목표로 한 고승 선사들의 「오도송」이나 「임종게」를 비롯한 선가 수행의 참 면목이 들어 있는 독특한 시가 양식이다. 짧지만 심오한 직관과 투철한 통찰이 담겨 있는 한국 불교문화의 정수를 담고 있는 것이 한국선시라고 하겠다.

이 글은 선이나 선시에 대한 철학적 통찰보다는 실제 작품을 통하여 직접 '한국선시'의 오묘한 세계로 나아가는 길을 열어 보이는 것을 일차적 목표로 한다. 우선 선시의 대표적 예라고 할 수 있는 오도송과 열반게를 몇 편 소개하고 선가 수행에서 일어나는 출가자의 각오나 산 중의 즐거움을 노래한 시들을 다룰 것이며 마지막으로 그들이 지향하는 수도자들의 세계를 보여주는 시를 통해 개략적이지만 한국선시의 전체상을 부각시켜 보고자 한다.

2. 깨달음과 죽음의 노래

한국불교의 첫 새벽을 연 원효는 신라의 수도 경주의 네거리에서 큰소리로 다음과 같이 외치고 다녔다고 한다. 중국『시경』의 영향을 받았다고 전해지는 이 시는 사랑을 갈망하는 노래라고 전해지고 있는데, 이는 불교의 전통을 확립코자 하는 의미가 담겨 있다고도 해석된다.

> 그 누가 자루 빠진 도끼를 주겠는가
> 나는 하늘 떠받칠 기둥을 만들련다
>
> 誰許沒柯斧 我斫支天柱
>
> - 원효대사,「자루 없는 도끼」

사람들은 이 노래를 듣고 그가 배필을 구하고 있는 것이라고 해석하였으며 왕명으로 '요석공주'와 인연을 맺게 하여 그의 아들 '설총'이 탄생하였다고 하는 설화가 전해지고 있다. 그러나 이 시의 문면에서 읽을 수 있는 것은 '하늘을 떠받칠 기둥을' 만들겠다고 하여 불교의 근본적인 진리를 확립하겠다는 열망을 담고 있다고도 해석할 수 있다.『대승신기론소』,『금강삼매경론』등 100여 권의 저술을 통해 한국불교의 학문적 깊이를 당시 국제적 수준으로 끌어올린 원효의 학적 활동이 이를 입증한다고 하겠다.

원효는 파계와 일탈적 행동을 서슴지 않았지만 그가 받아는 기행들을 역설적으로 깨달은 자로서 그에 대한 경의의 표현이기도 했다. 단순하지만 원효의 깨달음의 시는 다음과 같이 간결하게 표현된다.

첩첩한 푸른 산은 아미타의 굴이요
망망한 큰 바다는 적멸의 궁전이다

靑山疊疊彌陀窟 滄海茫茫寂滅宮

- 원효대사, 「오도송」

이 시에서 우리는 산과 바다를 아우르는 원효의 광대한 시적 비전을 볼 수 있다. 그럼에도 그의 시에서 느껴지는 것은 선승으로서의 체취보다는 학승으로서의 면모이다. 이는 원효 당시만 하더라도 선불교가 아직 확고한 뿌리를 내리지 못한 상황 때문이 아닐까 한다. 이는 9세기 초 선불교를 한국에 전파한 도의국사 또한 교학불교가 유행하여 그 뜻을 크게 떨치지 못한 것과 관련이 있을 것이다.

죽음의 노래 「임종게」에서 두드러진 것은 14세기 태고보우와 16세기 청허휴정이다.

사람 목숨 물거품, 빈 것이어서
팔십여 년 세월이 꿈속에 흘러갔네
지금 이 가죽부대 내던지노니
한 바퀴 붉은 해가 서산을 넘네

人生命若水泡空 八十餘年春夢中 臨終如今放皮俗 一
輪紅日下西峰

- 태고보우, 「임종게」

태고보우는 14세기 고려 말기의 스님으로 「태고암가」, 「산중자락가」, 「백운암가」 등의 노래를 지은 공민왕의 왕사로서 여러 유파로 분열된 불교를 통합하려 활동한 고승이다. 위의 시에서 읽을 수 있는 것은 '인생무상'이며 불교의 '공' 사상이 나타나 있고 육신을 가죽부대에 비유하고 적멸과 윤회의 큰 수레바퀴를 '붉은 해'에 의탁하여 삶과 죽음의 경계를 넘어서는 선사의 웅장한 죽음이다. 『선가귀감』의 편자 청허휴정 또한 임진왜란시 승병을 조직하여 국난의 위기를 극복하는 데 크게 기여한 바 있으며, 한국 선시에서 빼놓을 수 없는 한 정상을 차지한다.

천 생각 만 생각이
붉은 화로의 한 점 눈이다
진흙소가 물 위로 다니나니

대지와 허공이 다 찢어진다

千思萬思量　紅爐一點雪　泥牛水上行　大地虛空裂

- 청허휴정, 「임종게」

    태고의 시에서의 '물거품, 빈 것'이 청허의 시에서는 '붉은 화로의 한 점 눈'으로 표현되어 훨씬 구체적 형상을 나타내고 있다. 그리고 '진흙소'를 통해 '대지'와 '허공'이 찢어진다고 하여 시적상상의 날카로운 직관이 현상계를 투철하게 꿰뚫고 있음을 느끼게 한다는 점에서 청허의 시는 임종게에서 단연 독보적인 시라고 할 수 있다. 임종게와 오도송은 분리된 것이 아니라 하나의 짝을 이루고 있는데 원효로부터 태고보우, 청허휴정으로 이어지는 깨달음의 노래는 임종게와 더불어 맥맥한 흐름을 형성하고 있다고 하겠다.

    콧구멍이 없다는 사람의 말을 갑자기 듣고
    삼천세계가 바로 내 집임을 별안간 깨쳤는데
    유월의 연암산 밑의 길이여
    들사람은 일이 없어 태평가를 부르네

忽聞人語無鼻孔　頓覺三千是我家　六月鷰岩山下路　野人無事太平歌

- 경허성우,「오도송」

대지와 허공이 찢어지는 청허의「임종게」는 경허의「오도송」에 이르러 '콧구멍 없는 소'로서 삼천세계의 의문을 혁파하는 불교적 화두로 용틀임하면서 태평가를 부르고 들사람의 노랫소리를 듣고 깨달은 자의 인식으로 각인된다. 불교의 출발은 생사의 번뇌를 뛰어넘어 윤회의 고리를 끊어버리는 것이라고 할 때 깨달음의 노래와 죽음의 노래는 불교의 핵심적인 명제를 극도로 압축시킨 선가의 대표적인 시라고 할 것이다.

3. 출가의 고뇌와 고향에의 그리움

궁극의 진리를 찾기 위해 세속을 버리고 출가한 수도자라고 해서 모두가 깨달음을 얻는 것도 아니고, 또 그 깨달음의 과정에서 갈등이 없는 것도 아니다. 깨달음의 지난함에 대한 두려움도 있을 것이요 고향에 두고 온 육친에 대한 그리움도 떨칠 수 없을 것이다.『선문염송』의 편자 진각혜심은 고승이기도 했지만 그 자신이 뛰어난 시인이기도 했다. 그는 고향 생각을 버리지 못한 출가자들에게 다음과 같은 경계의 시를 남겼다.

집을 나왔거니 부디 자재하여야 하네

몇 개의 겹관문을 뚫고 지나갔던가
홀로 뛰어나 세상 밖에 노닐고
높은 뜻으로 세상을 내려다보네
몸이 쾌활하나니 한조각 구름이요
마음이 청한하나니 밝은 달이네
한 '바루' 밥과 한 벌의 누더기로
산새처럼 천만의 산을 날으네

出家須自在 幾個透重關 獨步遊方外 高懷傲世間 片
雲身快活 霽月性淸閑 一飯一殘衲 鳥飛千萬山

- 진각혜심, 「출가의 경계」

 집을 나왔으면 집 생각을 버려라. 출가자가 뚫고 나가야 할 관문은 겹겹이 둘러싸여 있다. 세상 밖에 놀고 세상을 굽어보라. 몸이 쾌활하고 마음이 청한하니 한조각 구름에 밝은 달이 떠 있다. 한 벌 누더기 옷과 한 바리때의 밥으로 산새처럼 천만의 산을 넘으니 세상의 속박을 떨쳐버린 대사유인의 기쁨을 어찌 져버릴 것인가. 오직 겹겹의 관문을 뚫고 나아간 자만이 누릴 수 있는 기쁨이 바로 그것이다.
 그럼에도 출가자 또한 인간이다. 더욱이 구법을 위해 당나라를 거쳐 멀리 천축국 인도까지 나아간 경우는 더욱 그러할 것이다. 8세기 초반 인도에 이르러 부처의 유적지를 여행하고 중국에 돌아가 『왕오천축국전』을 쓴 혜초는 구법을 위해 목숨을 건 험난한 여행을 하면서 기록한 절절한 사연으로 아직도 우리의 심금을 울린다.

> 달 밝은 밤에 고향길 바라볼 때
> 너울너울 뜬구름만 멀리 돌아가네
> 그 편에 편지 봉해 부치려 하나
> 빠른 바람길은 돌아오지 않으리
> 우리나라는 하늘 끝 북쪽인데
> 남의 나라는 땅의 끝 서쪽이네
> 해받이 남방에는 기러기가 없거니
> 누가 나를 위해 계림으로 전해주리

月夜瞻鄕路　浮雲颯颯歸　緘書參去便　風急不聽廻
我國天崖北　他邦地角西　日南無有鴈　誰爲向林飛

- 혜초대사, 「여수」

머나먼 타국에서 죽을 고비를 겪을 때마다 머나먼 고향 계림을 생각지 않을 수 없었을 것이다. 밝은 달밤 하늘을 바라보며 고향을 그리워하는 자야말로 어쩌면 가장 인간적인 자이고, 그런 까닭에 궁극의 진리를 찾는 자인 것이다. 이에 비해 청허의 제자이자 그와 함께 임진왜란시 승병 활동을 함께 한 사명유정의 선시는 낙동강가의 고향을 그리워하는 마음을 자연스럽게 노래하고 있다.

> 멀고 먼 남쪽 나라 기러기도 끊겼는데
> 병든 몸 부질없이 고향을 생각한다
> 구름 덮인 먼 골짝을 나그네는 바라보며
> 달 넘어간 다락에서 꿈만 자주 놀라 깬다
> 철 늦은 못가에는 버들꽃이 날리고
> 봄이 깊은 옛 절에는 꾀꼬리 지저귄다
> 지난해에 내가 놀던 낙동강가 그 길에는
> 꽃다운 풀 예대로 하마 우거졌으리

南國迢迢回鴈絶 病中虛動故園情 雲埋楚峽客長望 月墮江樓夢屢驚 節晚橫塘飛落絮 春深故院語流鶯 遙知洛水去年路 芳草萋萋依舊生

- 사명유정,「고향을 바라보며」

병들어 잠 못 들어 하는 밤 고향을 그리워하는 위의 시는 인간 본연의 감성을 스스럼없이 표현하고 있다는 점에서 무리가 없다. 꾀꼬리가 지저귀고 버들꽃이 바람에 날리는 봄날 고향을 그리워하는 것은 수구초심과 같은 마음의 발로인 동시에 출가수행의 첫출발을 되새겨보는 마음일 것이다.

4. 산 중의 즐거움과 은자의 마음

 세속을 떠나 선 수행을 계속하는 산 중의 생활은 어떠할까. 그 생활이 맞지 않는 수행자라면 진리에 대한 추구가 아무리 깊다 한들 산 중의 생활을 계속할 수 없을 것이다. 수행의 어려움이 있다고 하더라도 산 중의 삶에 즐거움이 있다면 그것은 출가의 길을 택한 그들에게 수행의 원동력을 제공해 줄 것이다. 13세기 고려 스님 원감충지는 자신의 개성을 다음과 같이 노래했다.

성질이 깊숙하고 고요함을 좋아해
푸른 산에 몸을 붙여 살고 있나니
세월은 흘러 두 귀밑털이 흰데
살아가는 방도는 한 벌 누더기뿐이네

野性便幽獨　栖遲寄翠微　光陰雙雪髮　活計一霞衣

비를 맞으며 솔 묘종을 옮기고
구름에 싸여 대사립문을 닫네
산에 핀 꽃은 수놓은 장막보다 낫고
뜰 앞의 잣나무는 비단휘장이 되네

帶雨移松栽　和雲掩竹扇　山華輕綉幕　庭栢當羅幃

고요히 향로에서 피는 연기 마주하고
한가히 돌다리의 살진 이끼 바라보네
아무도 와서 내게 무엇 묻지 말라
나는 일찍부터 세상과 맞지 않네

靜對爐烟細 閑看磴蘇肥 人來休問我 早與世相違

- 원감충지 「한가할 때」

수행 생활이 계속되어 귀밑머리가 하얗게 변했는데 깊숙하고 고요함을 좋아하는 그는 한 벌 누더기 옷으로 무욕의 삶을 살고 있어 수놓은 장막이나 비단 휘장보다 산에 핀 꽃이나 뜰 앞의 잣나무를 사랑하며 살아간다. 사람이 다니지 않아 이끼가 두둑히 낀 돌다리를 바라보면서 살아가고 나에게 왜 여기서 사느냐고 묻지 말라. 나는 그저 세상과 맞지 않아 이곳에서 누더기 옷을 입고 사는 것이 즐겁다네. 이런 삶은 세속의 명리를 좇는 사람들에게는 맞지 않는 삶일 것이다.

세속을 벗어나 한가한 맛을 느끼고 사는 것이 수행자의 삶이다. 이런 생활을 계속하여 옛 불경을 읽고 선가의 관문을 탐구하는 것의 참뜻을 누가 알 것인가. 17세기 조선의 스님 편양언기는 이런 삶의 맛을 다음과 같이 노래했다.

이 통성암에 머무른 뒤로

그윽한 일이 날마다 이어진다
밭을 일구어 향기로운 차를 심고
정자를 지어 먼 산을 바라본다
밝은 창 앞에서는 패엽을 읽고
밤 걸상에서는 선관을 참구한다
이 세상의 번화한 사람들이야
어찌 이 세상 밖의 한가한 맛을 알리

自栖通性後　幽事日相干　造圃移芳茗　開亭望遠山　晴
窓看貝葉　夜榻究禪關　世上繁華子　安知物外閑

- 편양언기, 「산에 살다」

이와 같은 편양언기의 삶은 주경야독의 암자생활을 사실적으로 노래한 것이다. 일하고 차 마시고 때때로 먼 산을 바라보며 산수의 정기를 호흡하고 원시 불경을 읽고 선관을 참구하는 것은 '반농반선'의 생활이요 수행과 생활이 일치되는 삶이다. 그러므로 번화한 세상에 사는 사람들이 어찌 이 한가한 맛을 알겠는가. 산 중에서 수행생활을 한다는 것이 '반농반선'의 한가한 맛을 즐길 수 있는 자가 아니면 불가능한 일일 것이다. 그러나 이러한 생활이 게으르거나 나태한 것은 아니다. 오히려 추상 같은 기상이 서려 있는 서릿발의 삶일 것이다. 세속의 명리를 좇지 않고 한가한 삶을 즐긴다는 것과 선관을 참구하여 용맹 정진한다는 것은 매우 다른 일이기 때문이다. 진각혜심은 선수행자의 뼛속까지 사무치는 치열한 삶을 다음과 같이 노래한 바 있다. 진각혜심은 '출가자의 경계'도 쓴 바 있지만 선당에서의 마음가짐에 대해서 노래한 바 있다.

> 파란 눈동자로 푸른 산을 마주할 때
> 한 티끌도 그 사이에 용납 안 된다
> 맑음이 절로 뼛속까지 사무치거니
> 무엇하러 새삼스레 '열반' 찾으랴
>
> 碧眼對靑山 塵不容其間 自然淸到骨 何更覓泥洹
>
> - 진각혜심, 「선당에서」

파란 눈동자로 '푸른 산을 마주할 때' 그 사이에 한 티끌도 용납되지 않는다는 것은 추상 같은 매서움으로 사물과 대상을 바라본다는 뜻인 것이다. 한 티끌도 용납 안 되는 마음가짐이 있을 때 전생의 묵은 업장을 다 녹이고 맑은 자연의 기운이 뼛속까지 사무쳐 열반에 이를 수 있다. 선수행자는 다른 곳에서 열반을 찾지 말라. 오직 한 티끌도 용납되지 않는 파란 눈동자로 푸른 산을 마주하라. 산 중의 생활이 한가로움을 즐기는 게으름뱅이들이 모이는 세속의 탈출구가 아니라는 경고가 여기에 담겨 있다고 할 것이다. 한 벌 누더기 옷과 바리때 하나로 산새처럼 천만의 산을 넘나드는 것이 수행자들의 산 중 생활이다. 그들은 오로지 도를 구하는 자들이기에 그들의 헛된 이름이 세간에 알려지는 것도 두려워한다. 19세기 조선조 말의 스님 초의의순은 다음과 같은 시를 남겼다.

> 봄이 떠난 뒤에 산은 비었고
> 손이 온 때에 구름이 인다
> 가고 오기에 얽매이지 않나니
> 끝끝내 사람에게 알려지지 않는다

산공춘거후 운기객래시 불간거래자 종불위인지
山空春去後　雲起客來時　不干去來者　終不爲人知

- 초의의순, 「용문사에 이르러」

초의의순은 「茶禪一味」의 선승이라고 할 수 있다. 그는 『동다송』으로 널리 알려져 있지만, 위의 사람들이 오고 가건만 연연해하지 않고, 자신의 삶이 끝끝내 사람들에게 알려지지 않기를 바라는 마음이 은자의 마음이요 수도자의 마음이다. 절에 모였다 흩어지는 사람들의 만남과 헤어짐은 모두 그들의 일일뿐 산 중에 사는 사람은 자신의 존재가 알려지기를 바라는데, 이는 '제행무상', '제법개공(諸法皆空)'의 사상을 그대로 시로 표현한 것이라고 할 수 있을 것이다.

5. 한국 선시와 현대시

원효에서 비롯된 한국불교가 경허 성우에 의해 마지막 불꽃을 터뜨리며 전통적인 불법의 시대가 끝나고 서구 문명의 도래에 그대로 노출된 것이 20세기 초 한국의 역사·문화적 상황이었다. 사회·문화적 상황이 근본적으로 뒤바뀌는 대역전의 상황 속에서도 한국 선시의 정신사적 맥을 이은 현대시는 한용운의 『님의 침묵』(1922)에서 불교적 선시의 현대화에 성공하여 다시 서정주, 조지훈, 김달진 등의 불교시인들에 의해 명상적 불교시의 맥을 이어나가면서 한국적 사유와 상상의 독특성을 새롭게 개진해 나갔으니 이는 대승적 선불교의 전통을 심화시켜 한국 불교의 특징이자 한국인의 독특한 심성의 표현이라고 할 것이다. 전통 부정과 단절의 시대에도 정신사적 정통성을 유지 발전시킨 것은 민중의 심성에 깊이 뿌리내린 한국 불교의 힘이라고 할 것이다. 아마도 이러한 정신사적 전통은 20세기의 험난한 역사적 도정에서 고난 극복의 원동력 중의 하나가 불교적 사유와 대승적 실천이었던 것처럼 21세기의 디지털적 문화적 코드 속에서도 불교적 상상과 사유의 힘은 새로운 극복의 원동력을 제공해 줄 수 있을 것이라 확신한다. 세속적 물신주의가 팽배할수록 그리고 생명공학의 발전에 의한 인간의 존재에 대한 위기가 심각해질수록 인간이 무엇이고, 인간의 삶이 무엇인가라는 근원적인 의문에 부딪힐 때마다 불교적 사유와 상상은 인간을 지켜주는 커다란 보루가 될 것이다.

역자 연보

1907년 2월 4일 경남 창원군(현재의 진해시 소사동)에서 태어남. 호 월하(月下).
1920년 향리의 계광보통학교 졸업.
1920~23년 서울로 올라가 중앙고보를 다녔으나 신병으로 중단.
1923~26년 서울로 되올라가 경신중학을 다녔으나 4학년 때 일본인 영어교사 추방 활동으로 퇴학.
1926~33년 향리의 모교에서 교편생활.
1929년 10월 『문예공론(文藝公論)』에 양주동의 고선(考選)으로 「잡영수곡(雜詠數曲)」이 실리면서 문단에 나섬.
1930년 10월 계광보통학교가 폐교되고 민족현실의 절망과 좌절의 끝자락에서 어느 날 밤 찢어진 벽지 사이에서 초벌 신문지에 뚜렷이 보이는 '불(佛)'자를 발견, 입산을 결심.
1934년 금강산 유점사에서 김운악(金雲岳) 스님을 은사로 하여 득도. 「유점사 찾는 길에」를 『동아일보』에 발표. 『시원(詩苑)』 동인으로 참여.
1935년 「나의 뜰」 외 여러 작품을 『동아일보』에 발표. 백용성(白龍城) 스님을 모시고 함양 백운산 화과원(華果院)에서 반농반선(半農半禪)의 수도 생활.

1936년 유점사 공비생(公費生)으로 중앙불교전문학교(혜화전문학교의 전신, 현 동국대학교) 입학. 서정주, 김동리, 오장환 등과 『시인부락(詩人部落)』에 참여.
1938년 「샘물」 등 여러 작품을 『동아일보』에 발표.
1939년 중앙불교전문학교 졸업.
1940년 9월 시집 『청시(靑柿)』(청색시사)를 출판. 유점사에서 법무(法務)를 지냄.
1941년 일경을 피하기 위해 유점사를 떠나 북간도 용정을 다녀옴. 용정에 머물면서 소설가 안수길이 발간하는 『싹』이라는 잡지에 시를 게재하기도 했는데 이 작품들이 나중에 『재만조선시인집』에 수록됨.
1945년 광복되었다는 소식을 듣고 하산하여 서울로 돌아옴. 춘원 선생의 권유로 『동아일보』 기자가 됨.
1946년 청년문학가협회 부회장. 서울 생활을 청산하고 대구로 내려가 경북여자중학교(6년제)에서 교직생활 시작.
1947년 『죽순(竹筍)』 동인으로 참여.
1949년 진해중학교(6년제)로 자리를 옮김.
1951년 『자유민보(自由民報)』 논설위원.
1954년 『손오병서(孫吳兵書)』(청우출판사) 출간. 해군사관학교 출강. 대한군항지편찬회 대표로 『대한군항지(大韓軍港誌)』(대한군항지편찬회) 발간.
1957년 『고문진보(古文眞寶)』(청우출판사) 출간. 창원군 남면중학교장 취임.

1962년 동양 불교문화연구원장. 『한산시(寒山詩)』(법보원) 출간.

1964년 불교설화집 『일곱 가지 아내』(법통사) 출간. 이운허(李耘虛) 스님을 법사(法師)로 모시고 동국대학교 동국역경원(東國譯經院) 심사위원이 되어 고려대장경(高麗大藏經) 역경 사업에 몰두함.

1965년 『장자(莊子)』(현암사) 출간. 『법구경(法句經)』(현암사) 출간.

1972년 경한(景閑)의 『백운화상어록(白雲和尙語錄)』, 보우(普雨)의 『태고집(太古集)』, 나옹(懶翁)의 『나옹집(懶翁集)』, 의천(義天)의 『대각국사문집(大覺國師文集)』, 지눌(知訥)의 『보조국사법어(普照國師法語)』, 혜심(慧諶)의 『진각국사어록(眞覺國師語錄)』, 각훈(覺訓)의 『해동고승전(海東高僧傳)』 등을 옮겨 『한국의 사상대전집(思想大典集)』(동화출판공사)에 수록.

1973년 『불교설화(佛敎說話)』(국민서관) 출간.

1974년 『삼보찬(三寶讚)』(불교사상대전 1, 불교사상사) 출간. 부처님 일대기를 그린 장편 서사시집 『큰 연꽃 한송이 피기까지』(동국역경원) 출간.

1977년 보우(普雨)의 『허응당집(虛應堂集)』(동화출판공사) 출간.

1979년 동인지 『죽순』의 복간호가 발간될 때 「벌레」, 「속삭임」, 「낙엽」, 「포만」 등을 발표

1983년 불교정신문화원에서 한국 고승 석덕(碩德)으로 추대. 서산대사 선시집(禪詩集) 『큰 소나무는 변하지 않는 마음』(시인사) 출간. 시선집 1 『올빼미의 노래』(시인사) 출간.

1984년 시전집 2 『큰 연꽃 한송이 피기까지』(시인사) 출간.

1985년 『한국선시(韓國禪詩)』(열화당) 출간.

1986년 『금강삼매경(金剛三昧經)론』(열음사) 출간.

1987년 『당시전서(唐詩全書)』(민음사) 출간. 『현대한국선시(現代韓國禪詩)』(열화당) 출간. 『선시(禪詩)와 함께 엮은 장자(莊子)』(고려원) 출간.

1988년 『보조국사전서』(고려원) 출간. 『붓다 차리타』(고려원) 출간.

1989년 6월 7일 오전 11시 10분 서울 강남구 일원동 643 자택에서 숙환으로 별세. 향년 82세. 『한국한시(韓國漢詩)』 1, 2, 3권(민음사) 출간. 『한산시(寒山詩)』(세계사) 출간.

1990년 6월 김달진문학상(金達鎭文學賞) 시상(수상자 박태일). 기념 『서정시학』(1990. 시민사) 출간. 수상집 『산거일기(山居日記)』(세계사) 출간. 선시집(禪詩集) 『한 벌 옷에 바리때 하나』(민음사) 출간.

1991년 운서(雲栖)의 『태고집(太古集)』(세계사) 출간. 시선집 『청시』(미래사) 출간. 제2회 김달진문학상 시상(수상자 이준관). 10월 20일 '은관문화훈장' 추서.

1992년 나옹(懶翁) 법어집(法語集) 『한가로운 도인(道人)의 길』(세계사) 출간. 『한글 세대를 위한 법구경(法句經)』(세계사) 출간. 6월 제3회 김달진문학상(수상자 김명인). 『서정시학』(1992) 출간

1993년 『진각국사어록(眞覺國師語錄)』(세계사). 6월 제4회 김달진문학상(수상자 이하석). 『서정시학』(1993. 깊은샘) 출간.

1994년 6월 제5회 김달진문학상(수상자 송재학)

1995년 4월 5일 김달진 시인비(詩人碑) 제막(진해 장복산 시민회관 앞). 6월 제6회 김달진문학상(수상자 이문재). 『서정시학』(1995. 깊은샘) 출간.

1996년 4월 김달진문학제(金達鎭文學祭) 운영위원회 결성. 6월 제7회 김달진문학상(수상자 송수권). 『서정시학』(1996. 깊은샘) 출간. 8월 제1회 김달진문학제전위원회 결성. 10월 제1회 김달진문학제.

1997년 6월 김달진전집 간행(문학동네).
제8회 김달진문학상(수상자 고진하).
10월 제2회 김달진문학제.

1998년 6월 제9회 김달진문학상(수상자 남진우, 신덕룡).

10월 제3회 김달진문학제.
1999년 6월 제9회 김달진문학상(수상자 최정례, 이숭원).
10월 제4회 김달진 문학제.
2000년 6월 제11회 김달진문학상(수상자 문인수, 전정구).
10월 제5회 김달진문학제.
2001년 6월 제12회 김달진문학상(수상자 나희덕, 고형진).
10월 제6회 김달진문학제.
2002년 6월 제13회 김달진문학상(수상자 이정록, 유성호).
10월 제7회 김달진문학제.
2003년 6월 제14회 김달진문학상(수상자 박정대, 이혜원).
10월 제8회 김달진문학제.
2004년 6월 제15회 김달진문학상(수상자 장옥관, 김용희).
10월 제9회 김달진문학제.
2005년 6월 제16회 김달진문학상(수상자 조용미, 강웅식).
11월 김달진문학관 개관, 제10회 김달진문학제.
2006년 6월 제17회 김달진문학상(수상자 조정권, 문흥술).
5월 탄생100주년 문학인 문학제(대산재단)
10월 제11회 김달진문학제.
2007년 6월 제18회 김달진문학상(수상자 엄원태, 방민호).
10월 제12회 김달진문학제.
2008년 6월 제19회 김달진문학상(수상자 신대철, 김종회).
10월 제13회 김달진문학제.

2009년 6월 제20회 김달진문학상(수상자 황동규, 최유찬).
　　　　10월 제14회 김달진문학제.
2010년 6월 제21회 김달진문학상(수상자 홍신선, 홍용희).
　　　　10월 제15회 김달진문학제.